Ulrik Schramm

Das verrittene Pferd

Ursachen und Wege der Korrektur

BLV Verlagsgesellschaft
München Wien Zürich

CIP-Kurztitelaufnahme der Deutschen Bibliothek

Schramm, Ulrik:
Das verrittene Pferd: Ursachen u. Wege d.
Korrektur / Ulrik Schramm. – München; Wien; Zürich:
BLV Verlagsgesellschaft, 1983.
ISBN 3-405-12045-4

Bildnachweis
G. Deubzer: S. 16, 31, 38, 107
J. Kemmler: S. 10, 15, 35, 40, 50/51, 56, 61, 75,
80 o., 102, 104/105, 106
Lufthansa (Archiv): S. 9
H. Müller: S. 2, 6, 27, 28, 30, 55, 57, 58, 80 u.,
116, 119

Alle Grafiken vom Autor.

Titelfoto: Jürgen Kemmler

Satzherstellung: Fertigsatz GmbH, München
Druck und Bindung: Ludwig Auer, Donauwörth

Printed in Germany · ISBN 3-405-12045-4

Inhaltsverzeichnis

Einleitung

Selbst wenn man von der Tatsache ausgeht, daß es unter den Reitern echte Reiter und sogenannte »Reiter« gibt, so sollte es doch ein jeder als das reinste Vergnügen ansehen, ein Pferd reiten zu dürfen, das willig, freudig und verständig mitgeht, gleichgültig, ob im Gelände, im Parcours, in der Halle oder auf dem Viereck. Dies trifft für den Freizeitreiter ebenso zu wie für den Spring- oder Dressurreiter. Erreichen kann man dieses Reitvergnügen nur, wenn beide Partner – Mensch und Tier – Spaß an der Sache haben, entsprechend ausgebildet sind und wenn in oder nach einer gewissen Ausbildungszeit keine gravierenden Fehler gemacht werden.

Hier nun beginnt ein schwerwiegendes Problem. Es ist zwar so, daß ein wichtiger Körperteil der ist, mit dem man auf dem Pferd sitzt; weit wichtiger indessen ist der Kopf des Reiters – und ihn sollte er auch gebrauchen. Damit will ich betonen, daß der Reiter zwar zunächst einmal mit seinem körperlichen Einsatz zu Pferde sitzt, daß aber die Arbeit mit dem Pferd eine weitaus größere Bereitschaft der psychischen Einstellung auf den Partner erfordert, die oft jedoch allzu wenig aufgebracht wird. Gerade diese Partnerschaft mit dem Pferd hebt das Reiten über jede andere Sportart weit hinaus. Wie schön und erfüllend kann die Zwiesprache mit dem Pferd sein – einerseits –, und was für häßliche Bilder kann man andererseits in den Ställen, Hallen, auf Turnieren usw. sehen. Oft merken die Reiter wohl selbst nicht, was sie aus Unkenntnis, Unwissenheit oder Gedankenlosigkeit anstellen, nicht zu vergessen diejenigen, die ihr Pferd absichtlich mißhandeln oder quälen. Wir wollen auch nicht leichtfertig von der oft genannten These sprechen, der Reitsport erziehe zur Selbstbeherrschung und Disziplin. Er kann es, wohlgemerkt, aber er muß es nicht. Wie sonst wäre es möglich, daß sich oft anscheinend »friedfertige« Menschen zu Pferde wie die Rabauken benehmen, alles an Erziehung und Disziplin vergessend ihre Pferde anschreien, zerren, prügeln oder mit den Sporen bis aufs Blut malträtieren. Das fängt schon damit an, daß das Pferd alles mögliche und obendrein mit besonderer Lautstärke genannt wird, und geht weiter über die (allzu) harte Hand, die zum Schluß noch die Mistgabel als Prügel benutzt. Ein Pferd kann ja nicht sprechen, und wehren tut es sich oft ebenfalls nicht – leider. Diese rücksichtslosen Typen finden sich überall, sowohl bei den Springreitern wie bei den Dressurreitern. Leider treibt das Turnier-Unwesen – es sei hier einmal so deutlich ausgesprochen – nur allzu häufig seine Blüten, um so mehr, als dazu noch ein ungezügelter Ehrgeiz kommt und die Furcht, nicht beweisen zu können, was man doch für ein toller Reiter ist.

Wenn einem das Reiten keine Freude macht, dann sollte man in Erwägung ziehen, ob es nicht ratsam wäre, etwas anderes zu tun, oder man sollte sich überlegen, wie man diesen Zustand ändern kann –

◁ Zwei Sieger in glücklicher und harmonischer Übereinstimmung: Weltmeister Reiner Klimke und »Ahlerich«.

zum Vorteil für beide Teile. Natürlich ist es verständlich, wenn ein Sportler seine Grenzen kennenlernen will; aber muß in diesem Falle nicht der Partner auch gefragt werden? Gutes Reiten erinnert mich in seiner besten Form immer an Ballett, und da gibt es ja wohl keine Rekorde. Es sollte gleichgültig sein, ob getanzt oder gesprungen wird. Und jetzt schauen Sie sich im Parcours oder auf dem Viereck einmal die Gesichter an, vom Reiter wie vom Pferd: Selten nur sind sie glücklich und fröhlich. In den Gesichtern der Reiter die Verbissenheit, der absolute Wille zum »Koste es, was es wolle«, die »Über«-Konzentration, die im Bemühen, nur keine Punktfehler zu machen, vergessen läßt, daß doch auch eine Dressurprüfung losgelöst und gelassen, ja fröhlich wirken sollte. Gut, das Ganze ist zwar ein Wettkampf – es gibt Schleifen und Preise zu gewinnen –, aber könnte es nicht genügen, wenn es wirklich »nur« ein Vergleich wäre? In der Reiterei ist es nun einmal so, daß auch die Pferde unterschiedlich sind. So gibt es schnelle, wendige, springfreudige und laurige Pferde (wobei letztere überhaupt keinen Vorwärtsdrang haben, mögen sie auch aufs äußerste forciert werden), Pferde mit Mut und Ausdauer, mit ausdrucksvollen Bewegungen usw. Was dem einen Pferd mitgegeben wurde, wird ein anderes nie in seinem Leben an Leistung erbringen können. Und zu behaupten, man wäre in der Lage, sogar einer Wildsau die Einerwechsel beizubringen, ist genauso schizophren, wie mit einem kalibrigen Pferd auf die Rennbahn gehen oder aus einem »fehlkonstruierten« Pferd einen Mächtigkeitsspringer machen zu wollen.

Wogegen ich hiermit auch angehen will, ist das absolute Hochleistungsstreben im allgemeinen und im Pferdesport im besonderen. Quälen sich die Athleten aus welchen Gründen auch immer, und sollten es sogar kommerzielle sein, so ist das ihre Sache. Schinden sie aber ihre Pferde, so ist das nicht mehr allein ihre Sache. Wir kommen in dem Kapitel »Was ist ein verrittenes Pferd?« auf die Frage eingehender zu sprechen, weshalb die physische und psychische Veranlagung eines Pferdes von immenser Bedeutung für seine Verwendung ist und weshalb sich bei der Ausbildung notwendigerweise Probleme und Schwierigkeiten ergeben müssen. Seit einigen Jahrzehnten sind die Züchter verstärkt darum bemüht, Pferde zu züchten, die schon vom Pedigree her alles das mitbringen, was die Reiter erwarten. Doch lassen sich Ausrutscher nie vermeiden, und wer kennt nicht den oft vertretenen Standpunkt von Stutenhaltern: Mal sehen, wie sie hält; geht's nicht, wird sie halt gedeckt. Ein Kommentar dazu ist wohl überflüssig. Ist schon die Hengstwahl ein Problem, das so manchem Züchter schlaflose Nächte bereiten kann, so frage ich mich, weshalb man dann bei der Stute über alle möglichen vorhandenen Mängel hinwegsieht – die Blutlinie wird's schon richten. Gewiß, Ausnahmen bestätigen die Regel, aber die Ausnahme kann 20 Jahre lang auf sich warten lassen.

»In der Reitkunst ist in gewissem Sinne alles richtig und alles falsch.«

Waldemar Seunig

Das gut gerittene Pferd

Gedanken über das korrekt gerittene Pferd

In diesem Zusammenhang sollten wir uns kurz einmal mit der Frage beschäftigen, was von einem Reitpferd verlangt wird. Wir vergessen heute, daß das Pferd noch zu Beginn dieses Jahrhunderts ganz andere Aufgaben zu erfüllen hatte als heute. Wir können es drehen und wenden, wie wir wollen; der Grund, weshalb heute geritten wird, ist jedenfalls nicht mehr, sich von einem Ort zum anderen fortbewegen zu müssen. Die Spezialisierung der Reiterei in Dressur, Springen, Military und Rennreiterei ist da und nicht mehr rückgängig zu machen. Wenn vor Jahrzehnten ein gutes Pferd alles können mußte, wenn große Dressurpferde mit Selbstverständlichkeit Jagden und Springen gingen und die Dressurreiterei als selbstverständliche Basis jeglichen Reitens galt, so müssen wir heute feststellen, daß für die einzelnen Disziplinen spezielle Anforderungen an Material und Ausbildung gestellt werden. Heutzutage dient die Dressurreiterei dem Selbstzweck. So haben manche Dressurvorstellungen von Military-Pferden kaum etwas gemeinsam mit den Anforderungen, die eigentlich zu stellen wären, wobei der Stellenwert der Dressurprüfungen in Vielseitigkeitsprüfungen ohnehin schon recht reduziert ist.

Leider wird vieles, was heute im Sport getan wird, nur nach Erfolg an Zeit und Fehlern sowie Punkten gemessen. Daß dabei häufig zu rüden Methoden gegriffen wird – weil man glaubt, so schneller das Ziel zu erreichen – oder Halbgegorenes herauskommt, ist nur zu verständlich. Es sei hier nur am Rande vermerkt, daß schon vor Jahren z. B. Podhajsky von Zerrbildern in Piaffen und Passagen sprach, und ich glaube, daß jeder von uns diese Zerrbilder auch in großen Dressurprüfungen bemerkt hat.

Aber wie sieht es denn mit der »Reinheit der Gänge« aus, der elementaren Anforderung an jede Reiterei? Was wir allzuoft sehen, sind Spannung und Verkrampfung –

Einer der Höhepunkte des Loslösens von der Erde – die Kapriole an der Hand.

Zwei Phasen im starken Trab auf der Diagonalen, mit gutem Ausdruck, Schwung und Takt. »Ahlerich« steht vertrauensvoll an der Hand seines Reiters Reiner Klimke.

nichts vom Tänzerischen, vom »Loslösen von der Erde« ist zu spüren. Über den Verfall der Reit»kunst« während des letzten Jahrhunderts ist schon viel geschrieben worden – geändert hat sich kaum etwas, wenigstens nicht zum Guten. Wohl ist es auch im Rahmen dieses Buches angezeigt, sich mit den Grundelementen der Reiterei zu beschäftigen und auf die oberen Stufen zu verzichten, zumal eine Rückerziehung ohnehin ganz von vorn begonnen werden müßte. Interessant ist zu wissen, daß schon Pluvinell (1555–1620) davor gewarnt hat, die Pferde zu »verdrießen« und ihre »natürliche Anmut« zu ersticken, um so den »Blütenduft der Früchte« zu bewahren. Denn wenn der erst einmal verflogen, der natürliche Schwung und Schub in Spannung übergegangen ist, wenn damit die verlorengegangene Losgelassenheit den Rücken zu einem Brett versteifen ließ und die Hanken damit nicht mehr gebogen werden können, dann ist der Charme der Bewegungen unwiederbringlich vorbei. »Schenkelgänger« sagt man zu diesen Pferden. Wer kennt sie nicht. Wenn ich nun zu Beginn dieser Betrachtung die – wie ich glaube – einmalig klare und eindeutige Definition eines gut ausgebildeten Pferdes stelle, so bin ich mir dessen bewußt, daß die Zielrichtung mehr auf das Dressurpferd zugeschnitten ist. Wie aber schon angedeutet, stellt nun mal ein gewisses Maß an Dressurarbeit die Basis der Reiterei dar, und um diese Basis kommt keiner herum.
Hans von Heydebreck zeichnete das »Bild des gerittenen Pferdes« mit eindringlicher Anschaulichkeit und Präzision. Wir wollen uns diese Formulierung stets vor Augen halten und daran denken, wenn wir spüren, daß unser Produkt davon abweicht – und wieso es davon abweicht. Er schreibt:

»Sicher und leicht auf- und abfußend, bewegt es sich in reiner Fußfolge, aus eigenem Antrieb eifrig vorwärtsstrebend und doch ohne jede Unruhe und Eile, auf den angewiesenen Hufschlaglinien willig und zwanglos dahin. Der Hals wölbt sich vor dem Reiter in gleichmäßigem Bogen nach oben, der Kopf ist bei hergegebenem Genick so weit herangestellt, daß die Stirnlinie etwas vor der Senkrechten steht. Die Ohren bilden den höchsten Punkt, sind weder nach vorn gespitzt noch angelegt, sondern geben durch ihre natürliche Haltung die Willigkeit des Pferdes und seine Achtsamkeit auf den Reiter zu erkennen. Das Auge ist vertrauensvoll nach vorn auf den abzuschreitenden Weg gelenkt, das Maul geschlossen, und doch deutet leichter Schaum darauf hin, daß das Pferd am Gebiß kaut, ohne daß man irgendwelches Knirschen hört. Die Zügel befinden sich, ohne Falten zu schlagen, in gleichmäßiger und steter Anlehnung. Man sieht aber am Federn der Kandarenzüge, daß sie nur leicht anstehen und durch vertrauensvolles Herantreten des Pferdes an das Gebiß in einer gewissen Spannung erhalten werden. Bei vorübergehendem Nachgeben der Hand behält das Pferd Haltung und taktmäßigen Gang bei und zeigt damit, daß es sich nicht auf den Zügel stützt, sondern selbst trägt. Gibt der Reiter vermehrt nach, oder verlängert er den Zügel, so streckt es den Kopf und Hals vertrauensvoll nach vorn, ohne nach unten zu bohren oder nach oben zu schlagen. Es sucht gleichsam den Zügel. Unmerkliches, leichtes Schließen der Hand bringt das Pferd in eine kürzere Gangart oder zum Halten, wobei es, in voller Haltung auf allen vier Beinen die Last tragend, unbeweglich stillsteht. Auf leichten Schenkeldruck nimmt es sofort ohne Zögern die verlangte Gangart an. Alle Bewegungen sind willig, frei von Zwang und erfolgen offensichtlich aus dem in leichten Schwingungen federnden Rücken. Der ruhige, gefällige Sitz des Reiters gibt Zeugnis davon, wie wohl er sich auf dem Rücken des Pferdes fühlt, und wie bequem es geht. Und doch ist alles im Schwung! Jeder Tritt und jeder Sprung erfolgt aus den sich in

ihren oberen Gelenken willig biegenden und kraftvoll abfußenden Hinterbeinen, die dem Pferdekörper je nach dem Versammlungsgrade und der Stärke der Gangart entweder kraftvoll vorwärts schieben oder ihn vermehrt stützen. Dabei entziehen sie sich in den freieren Gängen trotzdem nicht der Aufgabe, die Vorhand zu entlasten, und behalten andererseits in den versammelten Gängen, in denen sie in verstärkter Biegung ihre Schubkraft zugunsten ihrer Tragkraft einschränken, doch ihren kräftigen Anschub. Sie befähigen dadurch die Vorderbeine zu leichtem Abfußen und gestatten ihnen, entweder im freien Vortritt nach vorwärts Raum zu gewinnen oder unter Einschränkung der raumgreifenden Vorwärtsbewegung aus der Schulter heraus, bei beinahe waagerecht erhobenem Vorarm, erhabener zu treten und vom Boden, ihn scheinbar nur leicht berührend, elastisch federnd abzufußen. Von der Seite gesehen hat man den Eindruck, als ob der Reiter in der Mitte des Pferdekörpers sitzt, indem er ebensoviel vom Pferde vor wie hinter sich hat. Von den Ohren bis zum leicht und locker getragenen Schweif verläuft die obere Linie des Pferdes in einem leicht geschwungenen, wellenförmigen Bogen; nirgends ist eine scharfe Ecke. Der Widerrist steht etwas höher als der höchste Teil der Kruppe. Von vorn gesehen fußt niemals, außer in den Seitengängen, ein Hinterfuß seitlich des Hufschlags der Vorderfüße. Der Pferdekopf steht senkrecht, so daß beide Ohren sich in gleicher Höhe befinden; der Hals ist in Verlängerung des Pferdekörpers gerade nach vorn gerichtet, wobei beim Reiten mit Stellung innere Stirnseite, innere Schulter und innere Hüfte etwa in einer Linie stehen. Die Schultern des Reiters ragen auf beiden Seiten des Pferdehalses gleichmäßig hervor, sein Kopf erscheint mitten über den Pferdeohren.

Pferd und Reiter sind scheinbar miteinander verschmolzen, sie bilden gleichsam ein fein ausbalanciertes Ganzes, ein lebendes

Leichter Sitz

Der leichte Sitz soll sowohl dem Pferd als auch dem Reiter längere Trab- oder Galoppreprisen erleichtern.

Kunstwerk, das durch seine gefällige äußere Form und seine anmutigen, mit der Genauigkeit eines Uhrwerkes geregelten und doch kraftvollen Bewegungen schön wirkt.« (Zitat aus: H. Frhr. v. Seherr-Thoss »Dressurprüfungen bei Reitturnieren«.)

Diese Definition des »Bildes des gerittenen Pferdes« lohnt, sich wirklich bildhaft vor Augen zu halten, um zu sehen, wie dieses Paar aussehen würde – wie Sie auf Ihrem Pferd aussehen sollten. Somit wären wir beim Thema. Im Grunde genommen ist alles, was von diesem Bild abweicht, nicht richtig und nicht gut, auch dann nicht, wenn sich ein Freizeitreiter im Gelände bewegt, ein Springreiter über den Parcours geht oder ein Buschreiter seine Geländeprüfung absolviert.

Kurze Betrachtungen über das Freizeitreiten

Wenn wir dieses »Bild des gerittenen Pferdes«, das uns von Heydebreck so anschaulich darbringt, gerade unter dem Aspekt des Freizeitreitens auch untersuchen, so kommen wir zu folgendem Schluß:

Nicht nur die richtige Bügellänge ist für das Reiten im Gelände im leichten Sitz von Wichtigkeit, sondern auch die Lage des Unterschenkels. In beiden Fällen ist sie falsch.

Alle diese Reiter müssen den sog. *Leichten Sitz* beherrschen. Ich kenne natürlich den Einwand all derer, die mir andere, z. T. nicht europäische Reitstile nennen werden, und ich bin mir selbstverständlich bewußt, daß kaum ein Cowboy in der Lage wäre, den ganzen Tag mit einer um 2–4 Löcher gekürzten Bügellänge im Sattel zu sitzen. Er würde eher ermüden, seine Beine würden steif, und die Schenkellage würde von vornherein nicht zu seiner Reittechnik passen. Wir sind nicht in den Staaten, auch nicht in Argentinien oder in der Camargue. Wir sind – auch wenn wir spazierenreiten – kaum länger als drei oder vier Stunden im Sattel, es sei denn, wir absolvieren einen Distanzritt. Aber lassen Sie uns bei der Norm bleiben, und glauben Sie mir, daß Sie auch ohne Einflüsse sog. »moderner« Reitmethoden im alten Kavallerie-Sitz einige Kilometer am Tag zurücklegen können, was wohl auch bewiesen worden ist.

Führen wir uns einmal vor Augen, wie das – seitens des Reiters – aussehen sollte. Der leichte Sitz ist erkennbar an einem aus der geschmeidigen Hüfte elastisch in die Bewegung mitgehenden Oberkörper. Das Gesäß berührt den Sattel, ohne ihn – wie

Besonders beim Springen im Gelände sollte die Bügellänge stimmen, um dem Pferd jederzeit in seinen Bewegungen folgen zu können. Die Bügel sind links zu lang und rechts zu kurz geschnallt.

Die immer wieder auftretenden grundsätzlichen Sitzfehler: Links der Spaltsitz und rechts der Stuhlsitz mit den daraus resultierenden fehlerhaften Schenkellagen.

im Dressur- oder Vollsitz – voll zu belasten. Der feste – aber doch geschmeidige Knieschluß – des flach angelegten, um keinen Preis offenen Knies muß den ruhigen und richtig plazierten Schenkel garantieren und es dem Reiter ermöglichen, bei leicht angespannter Wadenmuskulatur und stetem tiefen Absatz das Pferd zwischen den Schenkeln zu führen und zu treiben. Die Hände sind tief und geben beim Springen und Klettern in Richtung Pferdemaul nach.

Das äußere Kennzeichen eines im leichten Sitz gerittenen Pferdes ist die völlige Losgelassenheit des Pferdes in allen Gangarten, bei reinem Takt, freien Schritten und Tritten, dabei geht es regelmäßig und energisch. Die Hinterhand tritt tätig, gelockert, losgelassen und federnd. Weder beim Klettern noch beim Springen stört der Reiter das Pferd durch harte, hohe, reißende Zügelfäuste oder falsche Gewichtsverlagerung bzw. – noch schlimmer – durch ein in den Rücken fallendes Gesäß; ein unruhiger, verrutschter Schenkel hat häufig einen unbeabsichtigten Sporenstich zur Folge.

Auch hier wollen wir uns vor Augen halten, wie wir auf unserem Pferd aussehen. Wir sollten ganz schnell die unerfreulichen Bilder vergessen, die uns mitunter (eigentlich allzuoft) auf den Parcours öffentlicher Springprüfungen präsentiert werden. Dabei ist es absolut gleichgültig, ob diese »Vorführungen« von Cracks geboten werden, bei denen der Erfolg ihnen die Richtigkeit ihrer Methoden oder Systeme bescheinigt, oder von ihren Nacheiferern, die u. U. gar nicht wissen, was sie eigentlich tun oder warum ihr Vorbild so reitet. Es sieht weder schön aus noch bietet es Reiter und Pferd die Garantie für Erfolg, ganz abgesehen von den Schäden, die dabei dem Pferd zugefügt werden können. Reiten, ob auf dem Viereck oder im Parcours und im Gelände, ist und bleibt eine Frage des Stils – nämlich des Reitstils.

Der Sitz des Reiters hat im Laufe der Reiterei einige Veränderungen erlebt. Er war stets abhängig von dem Verwendungszweck des Pferdes. Zu den zunächst primitiven »Sätteln« kamen die Bügel, den geharnischten Rittern mit ihrem Spaltsitz folgten die Schulreiter im 16. Jahrhundert mit ihrer dem heutigen Balancesitz ähnelnden Sitzposition. Die schweren Sättel wichen leichteren. Die Kriterien des heutigen Sitzes können als bekannt vorausgesetzt werden (siehe obiges Bild). Erst in der Mitte des vorigen Jahrhunderts begannen die Engländer die starre Form des Dressursitzes zu ändern. Sie waren keine Schulreiter, denn sie ritten lieber im Gelände. Caprilli entwickelte um die Jahrhundertwende den modernen Springstil und damit auch den leichten Sitz (siehe unteres Bild). Das Foto zeigt eine Reiterin während der Weltmeisterschaften der Vielseitigkeit 1982 auf der Rennbahn in Luhmühlen.

Was ist ein »verrittenes« Pferd?

Zuerst muß geklärt werden, wo im einzelnen die Fehlerquellen liegen, um sagen zu können, daß es sich in diesem oder jenem Fall um ein verrittenes Pferd handelt. Bei weitem nicht jede Abweichung von unserem Bild des Dressurpferdes stellt ein verrittenes Pferd dar. Oft würde es schon genügen, wenn der Reiter den Rat befolgte, zunächst einmal wieder Sitzübungen zu machen – ehe dem Pferd der Fehler angelastet wird. Andererseits entspricht es mit Sicherheit der Tatsache, daß auf einem gut gerittenen Pferd auch ein mittelmäßiger Reiter immer noch besser aussehen kann als ein guter Reiter auf einem verrittenen Pferd. Dies ist eine Erfahrung, welche wir nicht selten auf Turnieren gewinnen. Selbst wenn es dem weniger geschulten Auge nicht von Anfang der Prüfung an klar war, so kommt doch der Augenblick der Wahrheit für den Reiter eines Pferdes mit festgehaltenem Rücken, und zwar spätestens dann, wenn der Trab verstärkt wird. Da kann es zu recht unästhetischen Bildern kommen, beim Reiter wie beim Pferd!
Wie wir im folgenden gleich feststellen werden, gibt es mögliche Zusammenhänge von auftretenden Problemen und Exterieurmängeln. Ebenso wollen wir uns ein paar Hinweise auf Interieurmängel oder Veranlagungsprobleme ansehen. So wenig es sinnvoll wäre, einen Elefanten mit Erfolg auf die Rennbahn schicken zu wollen, so wenig würde man etwa von einem Traber verlangen, Hohe Schule zu gehen. Auch sei vermerkt, daß Temperamentsfehler, wenn überhaupt, weitaus schwieriger zu korrigieren sind als Gebäudefehler; ein »guckiges« Pferd wird – entgegen einem nervenstarken – stets ein unsicherer Kandidat bleiben.

Das vorn festgehaltene, mit den Vorderfüßen strampelnde, im Rücken brettharte Pferd läßt die Reiterin nur mühsam sitzen. Folge: klappendes Gesäß.

Das Steigen – Maximum an Ungehorsam.

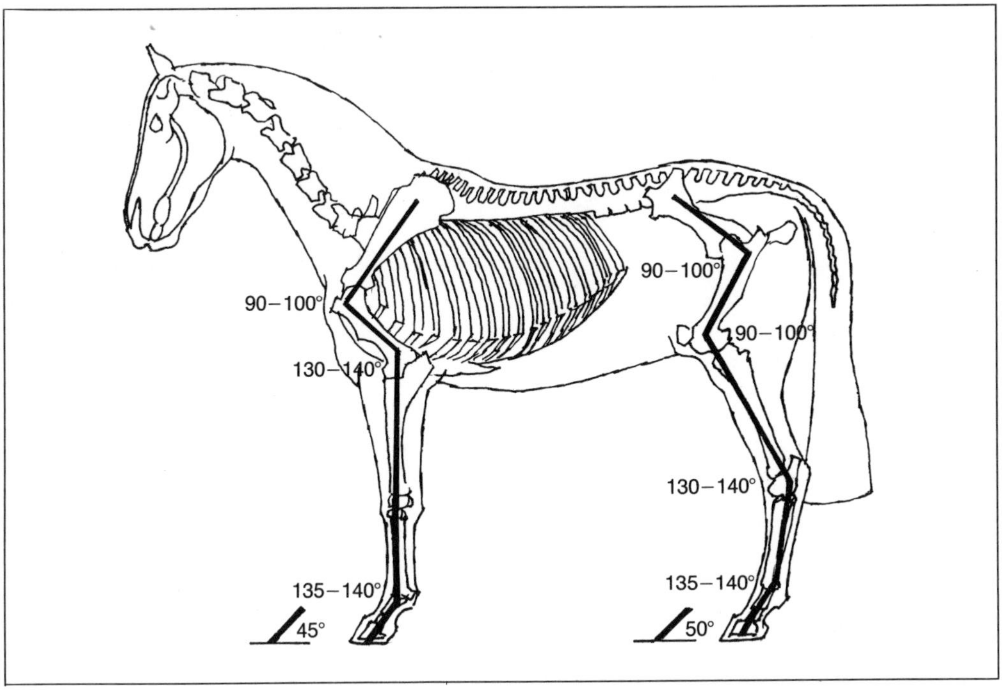

Die idealen Winkelungen der Vorder- und Hintergliedmaßen, die für den Reiter von Wichtigkeit sind.

Zusammenhänge von Fehlern und Exterieurmängeln

Es kann nicht verschwiegen werden, daß es schon immer hervorragend gehende Pferde mit Gebäudefehlern gegeben hat. Generell jedoch bedeutet zumeist ein harmonischer Körperbau mit damit verbundenen korrekten Points, daß ein solches Pferd ebenso harmonische und korrekte Bewegungen zeigen wird. Graziöse, den Boden nur gerade antippende Bewegungen, durch Muskelkraft und Gewicht abgestimmt, schwungvoller Vortritt der Hinterhand über den schwingenden Rücken und die Schulter zur elegant vorgreifenden Vorhand müssen das Resultat des Zusammenspiels aller Teile eines korrekten Pferdekörpers sein. Mit anderen Worten: Ist der Gang gut, so ist das Gebäude ebenfalls gut, und ein gutes Gebäude ist auch ein harmonisches und damit als schön zu bezeichnen.

Wir haben wohl alle das Bild eines Pferdes vor Augen, das mit dem hippologischen Begriff beschrieben wird als »wie vom Hengst geritten«.

Bei der Vielzahl der von dem harmonischen Gebäude abweichenden Möglichkeiten, und seien es nur ausgesprochene Points-Fehler – gröbere oder weniger gravierende –, ergibt sich eine zumindest ebenso große Liste der daraus resultierenden Probleme. Wenn hier nun ein Überblick über mögliche Kombinationen von Problemen in der Arbeit mit den Pferden und vorhandenen Gebäudefehlern gegeben werden soll, dann bedeutet das natürlich nicht, daß ein solches Pferd unbrauchbar ist, allenfalls, weshalb es Schwierigkeiten geben könnte. Vorliegende Fehler können aufgehoben oder kompensiert werden, und sie können Hinweise dafür geben, wie das Pferd zu arbeiten ist. Man kann Pferde nicht nach Schablonen beurteilen, ist doch nicht immer alles nur richtig oder nur falsch. Wichtiger und besser ist es, vom Gesamtbild auszugehen. Hierzu sei noch vermerkt, daß eine Reihe gravierender Fehler in der heutigen Zucht weitgehend herausgezüchtet wurde. Gewisse Normen sind dennoch zu setzen.

Das Quadratpferd

Das Quadratpferd ist schwer zur Losgelassenheit zu bringen. Da es – im Verhältnis von Höhe und Länge gesehen – hochbeinig ist, liegt sein Schwerpunkt relativ hoch. Damit ist seine Fähigkeit, sich auszubalancieren, beeinträchtigt. Dies alles kann sich nachteilig für die reine Dressurarbeit auswirken. Aber auch im Gelände sind Quadratpferde u. U. durch ihren höheren Schwerpunkt weniger behende, besonders dann, wenn ein größeres Kaliber dazukommt. Im allgemeinen sind Quadratpferde zum Springen eher geeignet; aber auch dies gilt nur mit Einschränkung, denn weitere Pedigree-Punkte müssen hierzu erfüllt werden (u. a. Winkelung der Hinterhand, Halsung).

Das Quadratpferd.

Das Rechteckpferd

Das Rechteckpferd hat im allgemeinen die bessere Mechanik – zumindest sind die Voraussetzungen dafür eher gegeben –, und im freien Gelände ist es besser in seiner Balance, da es geschickter und trittsicherer ist. Wenn es einmal »von den Beinen gekommen« sein sollte, findet es schneller wieder hoch. Das Rechteckpferd sollte allerdings nicht die berüchtigte »Rippe zuviel« haben. Die Mittelhand sollte nicht zu lang sein, was auf Kosten einer steilen Schulter oder kurzen Kruppe ginge. Auch dieses beeinträchtigt den Gang und damit die Leistung. Meist zeigen solche Pferde einen wenig springenden Galopp und damit die Tendenz zum unkorrekten Viertakt.

Das Rechteckpferd.

Sehen wir uns nun nach dieser ersten Feststellung die wichtigsten Körperteile im einzelnen an:

Der Kopf

Der Kopf sollte in der richtigen Relation zum übrigen Körper des Pferdes stehen. Ein zu großer Kopf ist in jedem Fall der Balance unzuträglich. Die Schwierigkeiten, die sich besonders beim Dressurpferd daraus ergeben können, sind nicht zu übersehen. Er sollte weder zu hoch angesetzt sein (hier liegt das Hinterhauptbein höher als der Atlas) noch zu tief (hier ist das Hinterhauptbein tiefer als der Atlas angesetzt). Im ersten Fall zeigen sich bedeutende Haltungsschwierigkeiten; diese Pferde wehren sich zumeist dagegen, durch das Genick zu treten, sie tragen den Kopf bei steil aufgerichtetem Hals nahezu waagerecht, weil sie im Genick nur wenig biegsam sind. Im zweiten Fall sind die Pferde im Genick zwar bedeutend biegsamer, aber – was fast noch unangenehmer ist – sie gehen gern hinter der Senkrechten bei aufgewölbtem, krausem Hals.

Die Ganaschen

Zu beachten ist des weiteren die Ganaschenfreiheit; sie garantiert das willige Nachgeben im Genick, den leichten Druck damit auf die Ohrspeicheldrüse und – bei entsprechendem Zustand der Laden – eine weiche, angenehme Genickbiegung. Die Laden sollen im oberen Rand ausgesprochen scharf und kantig sein; sie veranlassen das Pferd, im Zusammenhang mit dem Genick weichmäulig nachzugeben. Runde, fleischige und stumpfe Laden machen das Pferd für die Reiterhand weniger empfindlich und damit stumpfer bzw. härter. An dieser Stelle sei auch darauf hingewiesen, daß das sinnlose Zusammenschnallen des Nasen- und Kinnriemens, besonders dann, wenn der Nasenriemen zu tief liegt, außer Atembehinderung und der damit verbundenen Zwangsvorstellung nichts bringt außer, daß das so gequälte Pferd in Panik gerät.

Die Ganaschen.

Der Hals

Auch der Hals gibt Aufschluß sowohl über die Qualität wie den Ausbildungsstand eines Pferdes. Hier sei die Bemerkung erlaubt, daß ein gut ausgebildetes und gymnastiziertes Pferd nie häßlich sein und ein in seinem Exterieur nicht sehr harmonisch erscheinendes Pferd durch die richtige Arbeit durchaus schöner werden kann. Die Muskulatur, die während der Arbeit zuwächst, schließt und rundet Ecken, Kanten und Hohlräume und verlagert ganze Muskelgruppen, z. B. am Hals. Ein Unterhals, falls der Hals selbst nicht zu kurz ist und Genick und Ganaschen bereit sind nachzugeben, kann verschwinden zugunsten einer gut bemuskelten Oberseite – wenn diese nicht von Geburt an schon vorhanden sein sollte. Im allgemeinen verschwindet der Unterhals, je mehr ein Pferd beginnt, sich selbst zu tragen, je geringer also bei williger Hergabe von Genick, Ganaschen und Maul die Zügelanlehnung ist. Es kann aber auch angebracht sein, solche Pferde leicht hinter der Senkrechten zu reiten. Wichtig dabei ist, daß der Reiter sich dieser Korrekturmaßnahme ständig bewußt ist und daß er bereit und in der Lage ist, mit der Hand vorzugehen, den Hals lang zu machen und die Nase des Pferdes bei treibendem Sitz nach vorwärts-abwärts zu schieben. Günstig für jede Verwendung:

Halsformen.

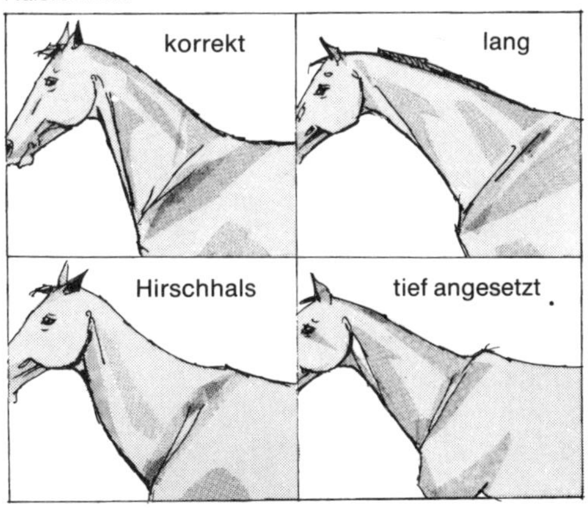

ein *langer,* aber *nicht dünner Hals* mit gut bemuskelter Oberseite, rechtwinklig aus der Schulter kommend, der Kammrand soll leicht gewölbt, der Kehlrand gerade sein, zum Kopf zu soll der Kammrand schlanker werden. Dieser Hals wird keine Schwierigkeiten machen.
Schwierigkeiten kann es indessen beim *Schwanenhals* geben. Er sieht zwar elegant aus, aber diese Pferde entziehen sich gern der steten Anlehnung dadurch, daß sie sich verkriechen oder verwerfen.
Weitaus schlimmer ist der *Hirschhals,* besonders dann, wenn ein kaum zu biegendes Genick dazukommt. Diese Pferde sind im Grunde genommen nicht reitbar; sie laufen mit waagerechtem Kopf und festgehaltenem Rücken, sind so nicht sitzbar für den Reiter und gehen gegen die Hand.
Die Schwierigkeiten, diese Mängel einigermaßen auszugleichen, sind für einen nichtroutinierten Reiter einfach unmöglich zu meistern; die Möglichkeiten des Pferdes indessen, sich den reiterlichen Einwirkungen zu entziehen, sind um so größer.
Weitaus weniger Schwierigkeiten bietet ein *kurzer, schwerer Hals* bei gutem Aufsatz, falls es dem Reiter gelingt, diesen Hals »länger« zu machen und nicht kürzer. Das heißt, er muß in der Lage sein, *den Hals in die Tiefe zu reiten* und zum Vorwärts-abwärts-Strekken zu bringen. In keinem Fall sollen solche Pferde zusammengezogen werden, was sie ja generell nicht sein sollten. Vermehrt sollte man Gewicht darauf legen, daß diese Pferde im Widerrist besonders sorgfältig festgemacht sind. Insbesondere ist dazu noch zu sagen, daß der kurze, schwere Hals an der Halsbasis im allgemeinen nicht schmal sein wird. Pferde mit schmalem Halsansatz sind im Widerrist schwer festzustellen; das bedeutet, daß das Geraderichten erschwert ist, und da die Verbindung von vorn nach hinten unterbrochen ist, leidet die Durchlässigkeit und damit auch die Versammlung. Pferde *mit hohem Aufsatz* eignen sich für Dressur eher als Pferde mit *tiefem Aufsatz.* Die in der späteren Ausbildung erwünschte Aufrichtung ist bei tiefem Aufsatz erschwert. Für Gelände und Springen bieten diese Pferde geringeren Nachteil. Ein Pferd mit hohem Aufsatz kann den Hals weniger gut als »Balancierstange« einsetzen als bei einem tieferen Aufsatz. Der Hals soll aus einer langen und schrägen Schulter kommen.

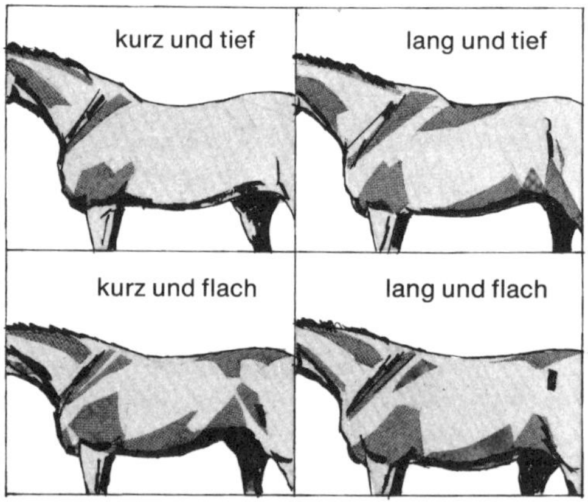

Widerristformen.

Der Widerrist
Der Widerrist soll ebenfalls lang sein und nicht jäh zum Rücken abfallen. Bei einem solchen Pferd hat der Reiter »viel Pferd« vor sich, der Gang ist meist raumgreifend.

Die Ellbogen
Die Ellbogen sollen frei und nicht am Rumpf angeklebt sein; auch dies nützt dem freien Gang.

Die Vordergliedmaßen
Weitere Voraussetzung ist die korrekte Stellung der Vordergliedmaßen ohne steile Fesselung. Die Beine sollen gerade vorgeführt werden, ohne seitliches Ausschwingen nach innen oder außen (*bügeln* oder *schaufeln*).

Der Rücken
Eine wesentliche Funktion kommt dem Rücken des Pferdes zu. Er soll nicht zu kurz sein, denn so ist er zumeist weniger

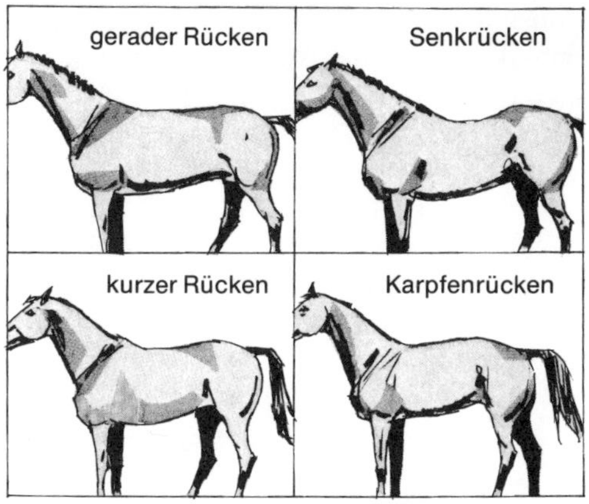

Rückenformen.

elastisch und kommt schwerer zum Schwingen. Die Folgen sind harte Bewegungen, die einen korrekten Sitz erschweren, was wiederum zur Folge hat, daß es dem Reiter unmöglich gemacht wird, sich schmiegsam den stoßenden Bewegungen des Rückens anzugleichen. Das Pferd hält sich nun seinerseits vermehrt im Rücken fest – ein ewiger Kreislauf hat begonnen! Pferde mit *kurzem Rücken* müssen nicht unbedingt wenig Raumgriff zeigen, denn analog unseres Hinweises, ein Pferd nie nur in Einzelteilen zu beurteilen, spielen hier wiederum Schulter, Kruppe und Hinterhand eine bedeutende Rolle. Der kurze Rücken deutet zumeist auf eine wenig ausgeprägte Bereitschaft des Pferdes hin, sich im Rumpf seitlich biegen zu lassen. Ein bedeutender Mangel, besonders im Hinblick auf die Seitengänge. Ein *zu langer Rücken* kann den Vortritt der Hinterbeine reduzieren, die Hinterhand kommt damit weniger zum Tragen, d. h. daß die Möglichkeit, das Pferd zu versammeln, ebenfalls begrenzt ist. Die Schrittlänge ist zumeist nicht sehr ergiebig, die Trittfolge damit hastiger. Für Springpferde mit guter Galoppade ist ein längerer Rücken weniger nachteilig.
Besonders beim Anreiten des jungen Pferdes sollte dem Rücken eine besondere Beachtung zuteil werden. Denn gerade geringfügige Schwierigkeiten, die sich beim Anreiten im Rücken zeigen, dürfen auf keinen Fall übersehen werden. Pferde mit *Senkrücken* haben Probleme mit Sattellage und Tragfähigkeit. Pferde mit *Karpfenrükken* sollte man von vornherein nicht zum Reiten nehmen. Aber auch ein schwach bemuskelter Rücken veranlaßt das Pferd, sich im Rücken festzuhalten, er schwingt nicht. Wenn noch eine betonte *Überempfindlichkeit* im Rücken dazukommt, ist es besonders wichtig, diese Pferde zur Hergabe des Rückens zu veranlassen. Später ist es sehr schwer, diesen gravierenden Fehler wieder »wegzureiten«. Ein festgehaltener Rücken muß sofort durch lockernde Gymnastizierung beseitigt werden – wenn nötig, durch einen leichteren Reiter im leichten, aber völlig unabhängigen, treibenden Sitz –, denn je länger sich das Pferd erst einmal daran gewöhnt hat, mit festgehaltenem Rücken zu gehen, um so schwieriger ist die Korrektur. In dem Kapitel über die Korrekturarbeit (Seite 39 ff.) werden wir sehen, was hier zu tun ist.

Die Brust

Um bei dem treibenden Sitz zu bleiben: Ein schwingender Rücken ist eine der Voraussetzungen für einen guten Sitz, eine weitere: die Wölbung der Brust. Eine flache, schmale und wenig gewölbte Brust ergibt – je nach Körpergröße des Reiters – keinen guten Knieschluß und damit eine mangelhafte Schenkellage. Abgesehen davon haben diese Pferde oft keine gute Atmungstätigkeit und ermüden früher. Die Sattel- und Gurtenlage ist ebenfalls beeinträchtigt. Eine zu große Tonne wiederum macht kleineren Reitern Schwierigkeiten, mit den Schenkeln an den Pferdeleib zu kommen. Aber auch größere Reiter müssen lernen, das Pferd mit gut gespreizten Schenkeln zu umfassen. In beiden Fällen sieht man oft unruhige, klopfende Schenkel, die kaum korrekte Einwirkungen zulassen, zumindest jedoch erschweren.

Der Bauch

Von der Norm abweichende Bauchformen lassen auf Konditionsmängel oder Futterfehler schließen. Besonders der hochgeschnürte, hinter den Schenkeln des Reiters sich verjüngende Pferdeleib bedeutet zumeist, daß dieses Pferd schwerfuttrig ist, oft aber auch Temperamentsprobleme hat.

Die Hinterhand

Der Motor des Pferdes ist seine Hinterhand. Was hier fehlerhaft ist, ist durch noch so gute Points anderer Teile des Pferdes nicht wieder gutzumachen.

Die *Kruppe* soll gut geformt und bemuskelt sein, d. h. mäßig nach hinten abfallend und nicht knochig. Von hinten gesehen soll sie ihre breiteste Stelle in der Nähe der Knie, an den Hosen, haben, die Hüften dürfen nicht breiter sein. Die Kruppe soll eine melonenartige Form haben und nicht dachförmig abfallen. Die horizontale lange wie die abfallende kurze Kruppe ist unvorteilhaft und bringt ihre Schwierigkeiten mit sich. Die kurze abfallende Kruppe ist oft nicht gut bemuskelt. Das Pferd soll hinten auch nicht überbaut sein – oft bei Stuten der Fall –, die Hinterbeine sind dabei im Verhältnis zum Körper zu lang. Diese Pferde gehen häufig auf der Vorhand, greifen sich, sind nicht ausbalanciert und können auch eine ungünstige Sattellage haben, des weiteren haben sie Schwierigkeiten in der Versammlung und sind nicht im Gleichgewicht.

Kruppenformen: 1 abfallend; 2 gerade; 3 melonenförmig; 4 überbaut.

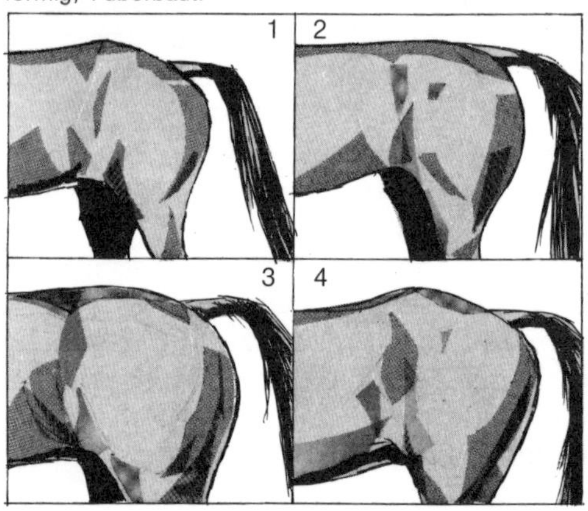

Bei ungünstiger Winkelung der Hinterhand leidet die Reinheit der Gänge. Bei Springpferden muß die Leistung nicht unbedingt beeinträchtigt sein. Ein wichtiger Faktor ist die Stellung und Winkelung der Hintergliedmaßen. Wenn z. B. eine steilere Stellung der Hinterbeine den Leistungen eines Springpferdes zuträglich sein kann, so bietet sie für ein Dressurpferd keine guten Voraussetzungen. Diese Pferde haben keinen raumgreifenden Schritt, sämtliche versammelten Gänge scheitern an dem mangelnden Hankenbug, im Trab schieben sie mit nach oben hinausgeführten Sprunggelenken und zeigen deutlich die Hintereisen.

Die *Sprunggelenke* sollen kräftig sein, trokken und gut markiert. Pferde, die von Natur aus eine nach außen drehende Bewegung beim Abschieben machen, haben eine schwache Hinterhand. Oft zu bemerken bei Pferden, die vorn ewig festgehalten wurden und sich mit dieser Drehbewegung der Versammlung zu entziehen versuchen. Die Hinterbeine sollen gerade nach vorn geführt werden, wobei ein etwas zehenweiter Gang immer noch der geringere Fehler ist.

Faßbeinige, säbelbeinige Pferde sind für die Dressur ungeeignet; sie können für den Freizeitreiter durchaus brauchbar sein, sind aber auch da Dauerleistungen weniger gewachsen. Geringere Stellungsfehler, vorn wie hinten, sind manchmal durch einen guten Schmied zu beseitigen. Gröbere Fehler finden oft ihren Niederschlag in den Leistungen, zumindest aber in der Abnutzung der Sehnen, Bänder und Gelenke.

Die Schweifrübe

Beim freilaufenden Pferd oder an der Longe wird die Haltung der Schweifrübe Aufschluß über die Rückentätigkeit geben. Sie kann eingeklemmt oder starr hochgereckt sein. Das Pferd kann den Schweif schief tragen oder es kann oft mit dem Schweif

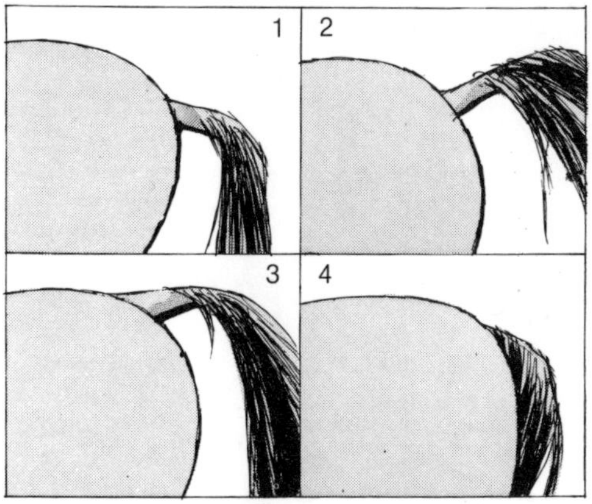

Formen des Schweifansatzes: 1 tief angesetzt; 2 »reingesteckt«; 3 hoch angesetzt; 4 eingeklemmt.

schlagen, seitwärts wie auch auf- und abwärts. Liegt der Grund für dieses Verhalten nicht bei organischen Schmerzen, sind diese Pferde mit Sicherheit im Rücken verklemmt, falls nicht auch ein Charakterzug damit zum Ausdruck kommt.

Die Schweifrübe soll im eleganten Bogen des Rückens und der Kruppe getragen werden, sie soll nicht wie hineingesteckt heraussstehen. Die Schweifspitze pendelt sichtbar bei jedem Schritt und Tritt hin und her und deutet damit an, daß das Pferd sich weder im Rücken noch in der Schweifrübe festhält. Die schiefe Schweifrübe ist, als organischer Fehler, nicht zu beseitigen. Auch eine Operation hat nur zeitweiligen Effekt. Mitunter kann man feststellen, daß Pferde, die bei kürzeren Gangarten die Schweifrübe schief tragen, bei starken Gangarten diesen Fehler verlieren. In diesem Fall trägt zumindest teilweise der Reiter die Schuld. Die eingeklemmte Schweifrübe ist immer ein Ausdruck der Verspannung, wenn nicht des Schmerzes oder der Ängstlichkeit, die starr nach oben gerichtete Schweifrübe weist auf starke Erregung bis zum Zustand des Durchdrehens hin.

Aus eklatanten Exterieurmängeln entstehen häufig auch Mängel in den Grundgangarten Schritt, Trab und Galopp.

Die Grundgangarten

Schritt

Aus diesen Betrachtungen ergibt sich für die drei Grundgangarten des Pferdes folgendes: Der Schritt als die am wenigsten verbesserbare Gangart sollte bei hingegebenem Zügel etwa zwei Hufbreiten Übertritt zeigen. Dies ist abhängig vom Gebäude des Pferdes, wie wir auf Seite 17 gesehen haben. Bei einem von Natur aus schlechten Schritt, der zumeist auch einen wenig ausdrucksvollen Galopp zur Folge hat, sollten wir an die Verwendung des Pferdes für die Dressur keinen Gedanken verschwenden; wir können ihn nur unbedeutend verbessern.

Aber auch wenn der Schritt einigermaßen gut ist, sollten wir daran denken, daß er die schwierigste Gangart ist und auch die Gangart, in der am ehesten und meisten gesündigt wird. Besonders Dressurreiter sollten bedenken, daß es außer dem *freien Schritt* am hingegebenen Zügel den *Mittelschritt,* den *versammelten* und den *starken Schritt* gibt. Und diese Schrittarten wollen geritten sein. Es ist absolut nachteilig für den Schritt, daß Reiter – wie oft sieht man das – nebeneinander daherreiten, plaudern, rauchen, gedankenlos mit den Händen gestikulieren oder die Pferde festhalten. Die Schenkel sind dabei weggestreckt und treiben nicht. Man ruht sich aus und vernachlässigt dabei die wichtigste Gangart. Entweder läßt man auch das Pferd bummeln – bei völlig hingegebenem Zügel und leicht angelegten Schenkeln – oder man reitet den Schritt, den man zu reiten gedenkt, denn dazu benötigt der Reiter u. a. Aufmerksamkeit auf Takt, Raumgriff und Geradegerichtetsein.

Bei der Beurteilung des Schrittes sollte dem Raumgriff gebührende Beachtung geschenkt werden. Gebäudebedingter, zu starker Raumgriff jedoch (drei und mehr Hufbreiten) bringt Schwierigkeiten beim versammelten Schritt und auch im versammelten Galopp. Außerdem greifen sich sol-

Fußfolge bei den Grundgangarten

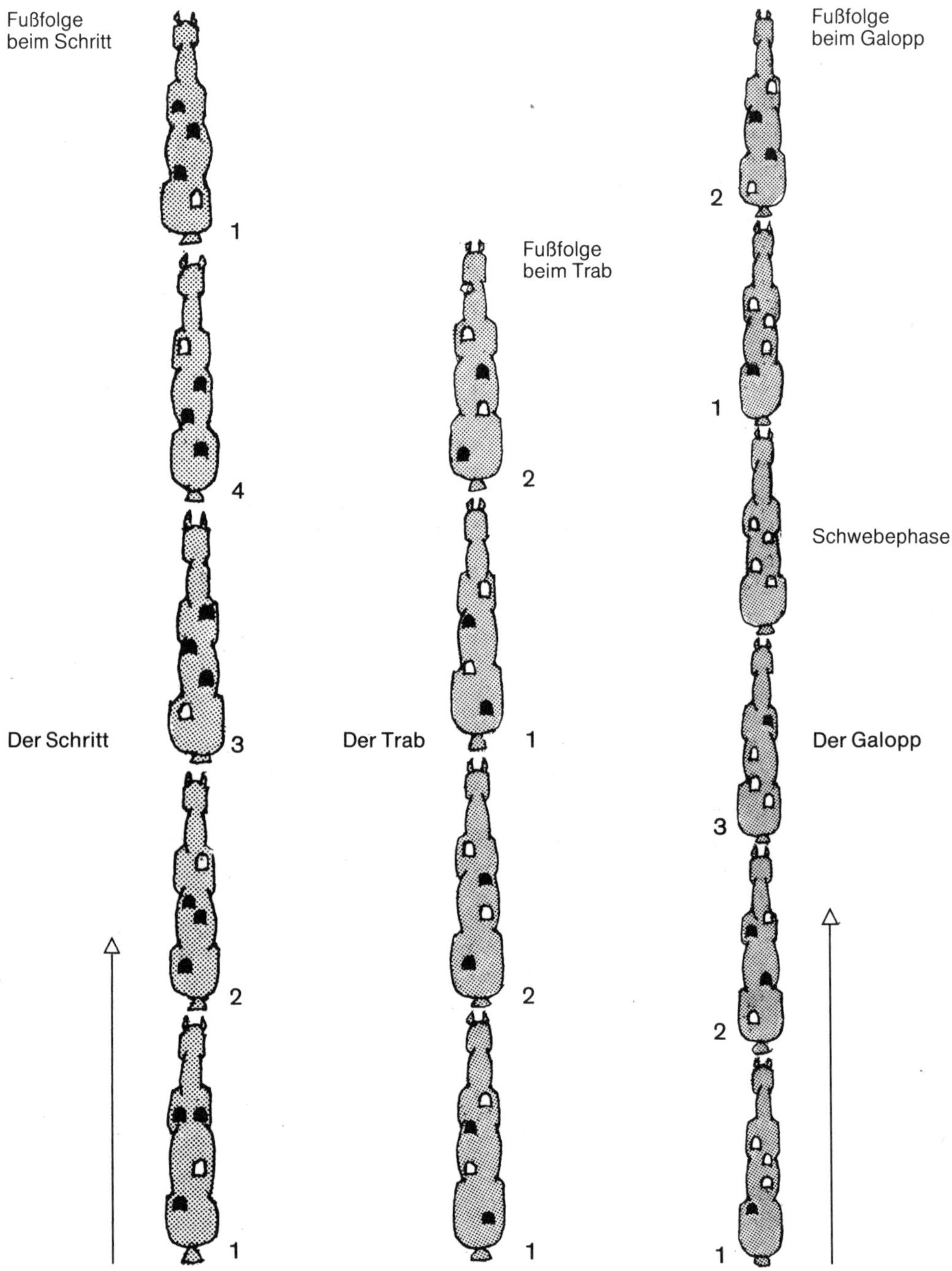

che Pferde leicht. Taktfehler im Schritt – wir wissen: *paßartig* oder *Paß* – entstehen durch Festhalten im Rücken, aber auch durch falsches, zu frühes oder zu starkes Versammeln oder durch forciertes Vorwärtsreiten. Immer wieder bitte ich, daran zu denken: Kein gedankenloses Dahinschlendern im Schritt! Auch der Schritt soll und muß geritten werden. Im Kapitel »Die Korrekturarbeit« und dort im Abschnitt über das verspannte Pferd (s. Seite 40) werden wir weiteres über Abhilfe lesen.

Trab

Vorhandfehler, eine etwas steilere Schulter, also gebäudebedingte Mängel, können durch eine sehr aktive Hinterhand kompensiert werden. Andererseits nützen der schönste Hals und die schönste Schulter nichts, wenn die Hinterhand steif ist, zu steil gestellt und zu flach gewinkelt. Die Trabverstärkungen werden eilend, laufend sein, insbesondere bei herausgestellten Sprunggelenken. Man sollte sich beim Vorführen die Gangmechanik auch von hinten ansehen.

Vollblüter führen oft im Galopp die Hinterbeine breit nach vorn, weil sie bei starkem Übertritt mit der Hinterhand an der Vorhand vorbeigreifen müssen. Ein ausbalanciertes Pferd fußt auf einer Linie auf.

Galopp

Der Galopp soll raumgreifend und im klaren Dreitakt sein; nach den deutlich zu hörenden drei Takten der auffußenden Beine folgt das Intervall der freien Schwebe. Der Galopp soll mühelos und elastisch aussehen, im Gegensatz zu einem hastigen, harten und kurzen Galopp. Pferde, die auf diese Art galoppieren, sind hart zu sitzen, ermüden sich selbst und den Reiter ebenfalls. Sie sind kaum taktmäßig zu »setzen« und für die Dressur ungeeignet. Es sind meist eher quadratische Pferde mit schlechter Winkelung der Hinterhand, steiler Fesselung und festgehaltenem Rücken.

Interieurmängel

Wir können die Charaktereigenschaften der Pferde wie die der Menschen in die bekannten vier Gruppen einteilen: Sanguiniker, Choleriker, Phlegmatiker und Melancholiker.

Sanguiniker

Nach Maday sind die Sanguiniker lebhafte, flotte Pferde mit energischen Bewegungen. Sie sind friedlich, gelehrig, fleißig, verläßlich und entsprechen einem guten Leistungstyp, in ihrer Bereitschaft mitzumachen besteht jedoch die Gefahr der Überanstrengung. Die Ohren – aufrecht getragen – haben ein lebhaftes Spiel, sie deuten auf große Aufmerksamkeit. Die Augen sind gut geöffnet und zeigen Ruhe und Vertrauen. Sanguiniker sind gute Futterverwerter.

Choleriker

Die Übergänge zu den einzelnen Charaktergruppen sind nie abrupt, sondern fließend. So zeigt das cholerische Pferd ebenfalls Lebhaftigkeit und gute Leistung, neigt aber meist auch leicht zum Widerstand. Es ist ein kämpferisches Pferd, das einen erfahrenen Reiter braucht, der es versteht, jede Neigung zum Widerstand im Keime zu ersticken, ohne es jedoch zum Kampf mit harten Maßnahmen kommen zu lassen. Es ist ein schwieriger zu behandelndes und bearbeitendes Pferd, das oft sehr ausdauernd ist und zur Härte neigt. Auch cholerische Pferde haben ein lebhaftes Ohrenspiel, neigen aber öfter dazu, die Ohren anzulegen; in den Augen kann manchmal das Weiße sichtbar werden. Choleriker können oft impulsiv in ihren Bewegungen sein.

Phlegmatiker

Friedlichere Kameraden sind dagegen die Phlegmatiker, sie haben ruhige, gemessene Bewegungen. Sie sind gute Futterverwerter, zuverlässig und zeigen wenig Tendenz, sich zu überanstrengen, was jedoch so weit führen kann, daß sie triebig sein können – bis zur Sturheit und Büffeligkeit. Die Ohrmuscheln sind aufrecht, nach vorn gerichtet; die Augen ruhig, vertrauensvoll, jedoch mit nicht so weit geöffnetem Augenlid wie beim sanguinischen Pferd. Die Bewegungen sind ruhiger, können aber durchaus raumgreifend sein.

Melancholiker

Der weitaus weniger brauchbare Typ ist der Melancholiker; zwar auch ruhig, ist er schwieriger zu behandeln, weil er zu Widersetzlichkeiten neigt. Er kann bis zum Kämpfen die geforderte Leistung versagen, ist nicht besonders gelehrig und – gepaart mit Widersetzlichkeit – unzuverlässig, auch bei Strafen widerspenstig. Die Ohren künden keine Aufmerksamkeit an, mitunter hat ein Ohr eine andere Stellung als das andere; auch zeigt das Auge nicht das strahlende ruhige Vertrauen, es ist eher halb geschlossen und demonstriert Tücke. Die Bewegungen sind ausdruckslos und schlaff. Oft sind diese Pferde keine guten Futterverwerter.

Wie schon gesagt, das alles kann – und soll – keine klare Klassifizierung sein, denn einmal sind die Übergänge fließend, zum anderen muß man ein Pferd schon länger kennen, um zu wissen, wie es im einzelnen reagiert und entsprechend zu behandeln ist. Außerdem kommt eine Reihe von weiteren Einflüssen hinzu, wie größere oder geringere Lärmempfindlichkeit oder gar Reaktionen des Sehbereiches, wobei es durchaus passieren kann, daß ein an sich ausgeglichenes Pferd übermäßig bodenscheu ist oder ein anderes überall vertrauensvoll hingeht, aber um keinen Preis ein Loch im Zaun akzeptieren will, das gestern noch nicht da war. Wesentlich ist, die Grundtendenz des Pferdes zu erkennen und eventuelle Widerstände vorauszuahnen bzw. mit Maßnahmen zu beantworten, die seinem Charakter entgegenkommen.

Eine Einheit: Roß und Reiter

Wenn wir von der Einteilung der Pferde in diese vier Gruppen gesprochen haben, so sollte ein wichtiger Hinweis für mögliche »Paarungen« nicht fehlen, denn auch der Charakter des Reiters muß zu dem des Pferdes passen. Von der Idealvorstellung aus gesehen sollten Pferd und Reiter nach Größe und Veranlagung so zueinander passen, daß man von einer »Idealehe« sprechen kann. Die Probleme bei Pferdebesitzern entstehen zumeist dann, wenn der Reiter aufgrund seines Reitvermögens nicht mit den Schwierigkeiten seines Pferdes fertig wird, die sich zwar einem Kundigen sofort, einem weniger Kundigen aber erst später offenbaren, nachdem das Pferd längst gekauft wurde. Selbst dann, wenn ein anderer, besserer Reiter oder Bereiter das Pferd zu korrigieren vermag, werden die gleichen Schwierigkeiten beim Besitzer eben doch wieder auftreten. Wie viele unglückliche Pferdebesitzer gibt es, die mit einem anderen Pferd, das zu ihnen passen würde, glücklicher wären, wenn sie sich nur trennen könnten! Da spielen durchaus verständliche Charaktereigenschaften der Besitzer eine Rolle, die es ihnen versagen, sich gerade von diesem Pferd zu trennen – und dennoch sollten sie es tun.

Charaktereigenschaften von Reiter und Pferd

Welche Eigenschaften von Roß und Reiter passen nicht zueinander? Aufbrausende, unbeherrschte Reiter, die es ohnehin nicht zu Pferde geben sollte, sollten nicht ängstliche, schreckhafte, nervige Pferde reiten. Da gehört ein Reiter drauf, der Geduld hat, der durch seine Ausgeglichenheit, die sich ja überträgt, ein Pferd zur Ruhe bringen kann, dem nicht »der Gaul durchgeht«, wenn immer wieder gleiche Anlässe das Pferd zum Erschrecken bringen. *Feinnervige,* empfindliche, wenn nicht sogar überempfindliche Pferde brauchen Reiter, die

Gepaarte Konzentration und interessanter Gleichklang des Gesichtsausdrucks bei Roß und Reiter.

ihre eigenen Nerven unter Kontrolle haben, die aber ebenso selbstsicher – aus ihrem Können – zu reagieren verstehen und ihre Maßnahmen genau auf das für den Augenblick richtige Maß, mit dem notwendigen Nachdruck, zu dosieren vermögen. Ein »Zuviel« ist dann ebensowenig gut wie ein »Garnicht« aus mangelndem Vermögen. Ein *stumpfes, triebiges Pferd* in der Hand eines phlegmatischen Reiters wird ebensowenig munterer werden wie unter einem Reiter, der nicht in der Lage ist – schon aus physischen Gründen –, einmal ordentlich zuzupacken. Nach dem Grundsatz, daß ein zackelndes Pferd unter einem guten Reiter aufhören wird zu zackeln, bzw. das Zackeln gar nicht angefangen hätte, kann man leicht folgern, daß bei manchen Pferden unter bestimmten Reitern die gleichen Fehler auftreten oder aber bestimmte Fehler unter manchen Reitern verschwinden oder gar nicht erst auftreten werden. Zum einen wird dies alles intuitiv entstehen, zum anderen ist es gut, von den Dingen und über die Dinge etwas zu wissen, um sie verhindern und beseitigen, d. h. auch schon im Keime ersticken zu können. Wie viele Unarten entstehen durch Nachlässigkeit, Unwissenheit, durch Inkonsequenz und Nachgiebigkeit, durch Verhätschelung und Vermenschlichung der Pferdepsyche seitens des Reiters. Es fängt schon bei den »Kleinigkeiten« im Stall und vor dem Reiten an, beim Füttern, Putzen, Hufe-Geben, Satteln, Aufsitzen etc. Da bereits zeigt es sich, ob ein Pferd gut erzogen und gehorsam ist, da liegen u. U. die ersten Schwierigkeiten für die weitere Entwicklung der Arbeit. Wir werden das gleich zu Beginn des Kapitels »Die Korrekturarbeit« näher betrachten.

Pferd und Reiter in voller Übereinstimmung.

Ein Pferd muß bereit sein, mitzumachen. Ohne diese Bereitschaft, sich dem Willen des Reiters unterzuordnen, ist der Reiter nicht einmal in der Lage, auch nur einen Fuß des Pferdes hochzuheben, um die Hufe auszukratzen. Die Kenntnis, daß das Pferd von Natur aus gutmütig sei, mag allgemein gültig sein. Ebenso gültig ist die Annahme, daß die meisten kleineren oder größeren Widersetzlichkeiten auf eine falsche Behandlung durch den Menschen zurückzuführen sind. Trotzdem bleibt dann und wann ein Rest von Widerborstigkeit und Sich-Sperren gegen den Willen des Reiters, was in der ganz spezifischen Eigenschaft eben dieses Pferdes begründet ist. Dabei wollen wir auch die Maßnahmen ausklammern, bei denen ein Reiter von einem Pferd etwas verlangt, was es noch nicht kann oder nicht versteht, was dieser Mensch will – vielleicht hat er einfach nicht konsequent und folgerichtig mit dem Pferd gearbeitet –, was schließlich eine Nichtbereitschaft zum Mitmachen erzeugt, aus einem Nichtverstehen heraus und nicht aus Trotz. Es ist oft erstaunlich, wie einfach das eine Pferd es seinem Reiter macht, eine Aufgabe zu erfüllen, und wie schwer es andererseits sein kann, eben diese Aufgabe von einem anderen Pferd erfüllt zu sehen. Dabei kann es sich um Aufgaben der Dressur oder um die Bereitschaft auf dem Parcoursplatz handeln. Der Freizeitreiter wird vielleicht mit einem solchen Pferd in eine prekäre Situation geraten, sehr zu seinem Verdruß. Pferde, die nicht mitmachen wollen, sollte man nicht darauf hinquälen; es kostet auf beiden Seiten Nerven, Zeit und Knochen. Denken Sie an die Tatsache, daß eine solche Arbeitsweise auf die Dauer größere Schäden anrichtet, als allgemein angenommen wird. Gerade die ungeregelten Belastungen der Sehnen, Gelenke und Bänder sind besonders schädlich.

Stute, Hengst oder Wallach?

Ein weiterer sehr wichtiger Punkt innerhalb des Themas Partnerschaft ist die Frage nach dem Pferd: Stute, Hengst oder Wallach. Es gibt viele Reiter, die keine Stuten mögen. Vielleicht liegt unterschwellig die aus früheren Jahrhunderten und südlichen Ländern stammende Vorstellung dahinter, daß ein Mann keine Stute, schon gar keinen Wallach, zu reiten habe, sondern nur einen Hengst. Diesen Punkt können wir wohl vergessen. Andererseits – ein weit wesentlicherer Punkt, der besonders für Reiter interessant ist, die sich in irgendeiner Art dem Leistungssport verschrieben haben – sind nun einmal Stuten ab und zu rossig. Sie sind häufig kitzlig, reizbarer und dadurch, daß sie oft überbaut sind, nicht ohne Schwierigkeiten. Für Freizeitreiter mag dies nur teilweise von Bedeutung sein. Wichtiger indessen ist, daß Stuten die größere Anzahl der Schläger und Beißer stellen; andererseits können sie hart, geduldig und ausdauernd sein. Die Anfälligkeit während der Rosse jedoch ist verschieden. Es gibt Stuten, denen diese Periode kaum anzumerken ist, andere können unausstehlich bis zur Unbrauchbarkeit sein.

Ein idealeres Gebrauchspferd ist der Wallach, denn er ist meist ausgeglichener, je nach Temperament. Irgendwelche geschlechtsbedingte Probleme gibt es nicht.

Womit wir beim Hengst wären: Der Hengst ist das Pferd schlechthin. Er ist – wie die Stute und im Gegensatz zum Wallach – geschlechtsbetont, und daraus ergibt sich das Handicap für den »normalen« Reiter insofern, als es in der Haltung (Stuten im Stall) Schwierigkeiten geben kann. Das gleiche gilt für den Weidegang, bei Turnieren, Jagden, gesellschaftlichen Ausritten usw.; da ist der Hengst in der Pferdegemeinschaft nicht ohne Probleme. Aber auch die Arbeit in Gemeinschaft mit mehreren Pferden kann gestört werden. Im ganzen gesehen gibt es oft Schwierigkeiten, die bei privater Aufstallung gegebenenfalls wegfallen. Dabei hat der Hengst seine Vorteile: Er ist lerneifriger, macht mit und ist zumeist kräftiger. Analog dessen, was wir zu Beginn dieses Abschnitts von der »Ehe« zwischen Pferd und Reiter sagten, gilt hier noch mehr, daß auf den Hengst in der Tat der richtige Reiter – oder die richtige Reiterin – gehört.

Das Größenverhältnis von Reiter und Pferd

Über das Größenverhältnis zwischen Pferd und Reiter gibt es in diesem Zusammenhang ebenfalls einiges zu sagen. Wenn dieser Punkt auch mehr Gewicht für den Dressurreiter hat, so ist er doch insofern nicht ganz unwesentlich, als das Reiten als

Großes Pferd – kleiner Reiter.

Kleines Pferd – großer Reiter.

Trotz einer gewissen Disharmonie im Größenverhältnis, wie hier, sind reiterliche Erfolge bis zur höchsten Klasse möglich.

Sportart von seiner Tradition her sehr wohl auch unter dem optischen Aspekt zu sehen ist wie Harmonie, Eleganz, Schönheit der Bewegung. Das Bild, das ein Reiterpaar bietet, kann somit sehr wohl von den Größenverhältnissen abhängen. Ebensowenig, wie ein kleines Figürchen auf einem großkalibrigen Roß ein ansprechendes Bild abgeben kann, wird ein langer Lulatsch auf einem Kleinpferd mit 130 cm Stockmaß kaum Anspruch auf Attraktivität erheben können.

Es ist viel darüber diskutiert worden, wann ein Pferd den Reiter »deckt«. Wir wollen auch an die reiterliche Seite des Problems denken: die *Sitzposition,* die es ihm ermöglicht, die beste Art der Einwirkung seines Gesäßes und der Schenkel zu erreichen. Der Reiter muß in der Lage sein, bei normal gespreizten Oberschenkeln im gestreckten tiefen Dressursitz die Knie flach oberhalb der breitesten Stelle des Brustkorbes des Pferdes anlegen zu können. Kommen die Knie zu tief, weil der Reiter zu groß ist oder zu lange Beine hat, oder weil das Pferd zu klein ist, dann kann er die Knie nicht zumachen, er reitet »mit offenen Knien«. Liegen die Knie zu weit oberhalb der breitesten Stelle des Brustkorbs, dann sitzt er mit gespreizten Beinen und kommt mit dem oberen Teil seiner Wade nicht an die Stelle des Pferdes (am Gurt), wo er die beste Einwirkung auf das Pferd erzielen kann. Weder ein flach geripptes Pferd noch eines mit großer, breiter Tonne ist, von der Sitzposition des Reiters her gesehen, leicht beritten zu machen.

Wie schon gesagt, gelten diese Überlegungen für den Dressurreiter weitaus mehr als für den Spring- oder Freizeitreiter, wobei ich bei diesen Begriffen auf den letzten Teil der Wörter besondere Betonung legen möchte. Reiten und sich »tragen lassen« sind zwei verschiedene Dinge, und irgendwo im Größenverhältnis zwischen Pferd und Reiter fängt das Problem an. Wir sprechen nicht davon, daß sich auch Reiter von Großpferden gegebenenfalls nur tragen lassen, sondern davon, daß durch gezielte Hilfengebung das Pferd in der gewünschten Gangart, in einem bestimmten Takt gewisse notwendige Aufgaben in der Art auszuführen hat, wie sie dem Bewegungsablauf der natürlichen Gangarten des Pferdes entsprechen. Es dreht sich heute nicht mehr darum, bequem und so gut wie möglich von einem Ort zum anderen zu kommen; dafür gibt es bessere Möglichkeiten. Der größere Teil der Reiter beschäftigt sich ja wohl mit dem Reitsport aus eben sportlichen Gründen, d. h. aus Gründen der körperlichen Betätigung. Was soll man dann dazu sagen, wenn man Riesen auf Ponys sitzen sieht, deren Beine beinahe den Boden berühren; ich finde, das hat mit »Reiten« nichts mehr zu tun. Jeder Sport hat seine bestimmten Gesetze, und die Tradition in der Reiterei ist besonders groß. Ich bezweifle, ob es richtig ist, das alles über Bord zu werfen. Nicht nur was die Bekleidung anbelangt, nein, auch – und nun verstehen Sie mich bitte nicht falsch – das Material hat seine ganz bestimmte, den jeweiligen Anforderungen angemessene Form und Beschaffenheit. Es ist hochinteressant,

wie nuanciert die Unterschiede dabei sein können. Auch da sind ganz individuelle Anforderungen der einzelnen Sportler maßgebend für eine entsprechende Leistung.
Aber zurück zum Pferd: Warum soll nun ausgerechnet in der Reiterei jedes Pferd zu jedem Reiter passen müssen? Es kommt absolut darauf an, was ich reiten will, und es kommt ebenso darauf an, auf welchem Pferd ich das zu tun beabsichtige. Dies um so mehr, je leistungsträchtiger die Aufgabe ist, sei es Dressur oder Springen. Aber auch dem Freizeitreiter und Spazierreiter stellen sich Probleme. Nicht allein nur, daß es Unstimmigkeiten mit dem Gehorsam geben kann, auch die weitaus größeren Schwierigkeiten, ein Pferd so zu reiten, daß es weder über- noch falsch beansprucht wird oder einfach so gehen darf, wie es will und dabei fortlaufend über seine eigenen Zehen fällt, tauchen immer wieder auf. In der Tat ist es aber stets das gleiche Thema, daß diese »Reiter« eben keine Reiter sind.

Die Farben

Ganz zum Schluß unserer Abhandlung über Exterieur und Interieur des Pferdes im Zusammenhang mit möglichen Problemen noch eine kurze Betrachtung über die Farben des Pferdes. Es gibt da eine ganze Reihe von Aussagen, die Wertungen bestimmter Pferdefarben darstellen. Diese sog. »Regeln« sind mit äußerster Vorsicht zu genießen und haben etwa soviel Gültigkeit wie die, daß das Wetter sich beim Mondwechsel ändern müsse. Härte, Ausdauer, Bereitschaft zur Zusammenarbeit, Aufmerksamkeit, Klugheit, Gutmütigkeit usw. haben nichts mit den Farben zu tun, auch nichts mit Abzeichen oder damit, daß das Weiß im Pferdeauge blitzt. Dann hat eben dieses Pferd eine kleinere Iris, und wenn es lebhafter mit den Augen reagiert, dann blitzt es halt (s. Choleriker). Bei einem anderen Pferd mit »normalem« Auge sieht man auf Anhieb nichts, was Rückschlüsse auf Charakter und Temperament zuläßt. Und doch

Es gibt einen treffenden Spruch: »Ein gutes Pferd hat keine Farbe.«

kann dem Pferdekenner dieses Pferd durch sein Auge ganz bestimmte Eigenschaften signalisieren. Es gibt Pferde mit dunklen Hufen, bei denen der Huf weich und wenig widerstandsfähig ist, und es gibt ebenso Pferde mit weißen Beinen und hellen Hufen, die einen ausgezeichneten Huf haben. Vergessen Sie auch die vielen Auslegungen weißer Füße – ob vorn oder hinten, gleichseitig oder über Kreuz; sie besagen gar nichts. Nicht jeder Schimmel muß »falsch« sein, weil er die Ohren anlegt und schnappt – es tun dies auch Rappen oder Braune. Auch muß ein Rappe nicht ausdauernder sein als ein Fuchs, nur weil dieser ein Rappe und jener ein Fuchs ist. Abhängig ist dies ja doch von der Abstammung, der Aufzucht und der Ausbildung.
Eine andere Frage ist, was jedem einzelnen besser gefällt. Ebensowenig wie wir in Verallgemeinerungen verfallen dürfen, sollten wir nicht leichtfertige Schlüsse aufgrund eines festgestellten »Fehlers« ziehen. Wichtig ist die Summe aller Punkte, die in Betracht kommen; wichtig ist aber auch, daß wir – wenn wir uns unserer Meinung sicher sind – in der Lage sind, das zu tun, was zur Beseitigung von Fehlern beitragen kann.

Die häufigsten Mängel und Fehler im Überblick

Eine Auswahl häufig vorkommender Mängel in einer Dressurprüfung der Klassen A–M und der dazugehörige Niederschlag im Protokoll.

1 Einreiten und Grußaufstellung schief. Pferd über der Hand, schont hinten links, nicht korrigiert.

2 Mittelschritt paßartig.

3 Im versammelten Trab geht das Pferd mit schleppender Hinterhand stark hinter der Senkrechten. Reiter treibt nicht (Sitz!). Keinerlei Versammlung!

4 Rückwärtsrichten mit Widerstand, kein reiner Zweitakt. Reiter zieht.

5 Im Mittelgalopp kommt das Pferd dem Reiter auf die Hand und wird im Hals zu eng; keine Erweiterung des Rahmens.

6 Volte links, zuviel Stellung, die Hinterhand folgt nicht der Vorhand.

7 Schulterherein links, Verwerfen im Genick, zu hohe Hand, linker Schenkel!

8 Zügel aus der Hand kauen lassen, ohne sich nach vorwärts-abwärts zu strecken. Pferd stößt.

9 Beim Angaloppieren links springt das Pferd im Kreuzgalopp an. Widerstand gegen die Hand.

10 Abrupte ganze Parade aus versammeltem Galopp, Widerstand in Maul und Genick.

11 Mitteltrab wird nicht erreicht.

12 Rechtsgalopp, schief, mit hereingestellter Hinterhand. Reiter sitzt falsch, linke Schulter vor!

13 Hinterhandwendung nach links mit falsch gestelltem Pferd, keine Tendenz nach vorwärts. Pferd bleibt mit innerem Hinterfuß stehen.

14 Starker Trab, Pferd mit hoher Kruppe, kommt auf die Hand, stark hinter der Senkrechten. Festgehaltener Rücken, klappendes Gesäß!

15 Versammelter Galopp mit Widerstand gegen die Hand, mangelnde Durchlässigkeit. Festgehaltener Rücken, steifer Sitz. Unterschenkel!

Die Notwendigkeit, Zusammenhänge zu erkennen

Bevor wir nun darangehen, das verrittene Pferd zu korrigieren, sollten wir erst einmal die Zusammenhänge sehen und erkennen lernen. Es wäre falsch, anzunehmen, daß Unkorrektheiten, die sich schon vor längerer Zeit beim Pferd eingeschlichen haben, im Handumdrehen zu beseitigen sind, schon gar nicht nach diesem oder jenem Rezept. Jedes Pferd stellt nahezu einen Sonderfall dar, so wie jeder Reiter eine ganz spezifische Art des Reitens hat. Wichtig ist vor allem, Fehler gar nicht erst entstehen zu lassen. Jeder Reiter sollte sich dessen bewußt sein, daß er nie auslernt und daß es immer wieder Impulse geben wird, die ihn zu neuen Erkenntnissen führen können. Das »verrittene« Pferd wird seine Schwierigkeiten in kleinerem oder größerem Ausmaß haben, mitunter ist es vielleicht nicht »verritten«, sondern es fehlte ihm das letzte feine oder stärkere – in jedem Fall richtige – Nachhelfen. Demnach ist es vielleicht auch nicht immer richtig, von einem »verrittenen« Pferd zu sprechen, aber irgendwo hat nahezu jedes Pferd einmal seine Probleme – und da gilt es für den guten Reiter, sofort »da« zu sein, den Fehler oder Mangel zu erkennen und abzustellen. Etwas, was erst einmal zur Gewohnheit geworden ist, ist nur schwerlich wieder abzugewöhnen. Mitunter merken Reiter gar nicht, wann ein Fehler sich einzustellen beginnt.

Es kann aber ebenso der Fall sein, daß Unwissen und Unkenntnis der Grund dafür sind, weshalb ein Reiter nicht spürt, welchen Fehler das Pferd regelmäßig oder öfter begeht. Selbst Reitern mit guten reiterlichen Fähigkeiten kann es passieren, daß sie gravierende Dinge übersehen, nicht notieren oder aber auch nicht sehen wollen. Gerade Reiter, die ihre Pferde viel allein arbeiten müssen, werden schneller »betriebsblind«. Sie sollten sich ab und zu überprüfen lassen; von unten sieht die Sache oft anders aus. Auch die Absolvierung von Dressurprüfungen kann nützen, muß es aber nicht. Selbst in der Annahme, daß am Richtertisch ein kompetenter Mann sitzt, ist damit nicht immer die Garantie gegeben, daß im Notenbogen der Fehler an seiner Quelle genannt wird. Der Richter soll zwar über das urteilen, was er zu sehen bekommt, die Maßnahmen zur Abstellung des Fehlers kann er aber in der heutigen Form der Notenbogen kaum nennen. In der Hektik der großen Teilnehmerzahlen ist er dazu auch gar nicht mehr in der Lage. Richtig wäre das aufklärende Gespräch nach der Prüfung – aber wo ist das schon möglich. Es ist nicht damit getan, dem Reiter zu bescheinigen, sein Pferd gehe paßartig, verwerfe sich oder habe keine gleichmäßige, gleichseitige Anlehnung, um nur ein paar Dinge zu nennen. Gedient ist dem Reiter nur mit den Maßnahmen der Abhilfe in seinem ganz spezifischen Fall, und dazu braucht es viel, viel Zeit – meist mehr Zeit, als es gedauert hat, bis der Fehler mehr oder weniger eklatant zu Tage trat. Wichtig wäre hier ein guter Ausbilder; sie sind zwar selten genug, aber es gibt sie. Sie sollten sich jedoch, wenn Sie Rat suchen, auch an die Ratschläge nur dieses einen halten.

Der Reiter, der sein Pferd selbst ausbildet, muß sich über den Weg im klaren sein, den er einschlagen will, und er muß wissen, daß es einen geraden Weg gibt, dessen Geradlinigkeit in den gesetzmäßigen Erkenntnissen der Reiterei fundiert ist. Wir haben in der Bundesrepublik Deutschland ein Standardwerk zur Verfügung, in dem die Richtlinien der Reiterei festgelegt sind: es ist die H. DV. 12 (Heeres-Dienst-Vorschrift). Wenngleich auch nicht erschöpfend, ist sie doch als absolut gültig anzusehen. Die Basis ist aber maßgebend, und im Grunde ist jedes Problem darauf zurückführbar.

Ich hatte vor Rezepten gewarnt mit dem Hinweis, daß jedes Pferd andere Bedingungen mitbringt, die zu beachten und zu bedenken sind. Aber ein ebenso wesentlicher Faktor ist der Reiter selbst. Ich bitte inständig, bei so manchen Problemen den Fehler nicht nur beim Pferd zu suchen; auch Fehlerkombinationen sind nicht auszuschließen. Es sei allein an die Möglichkeiten erinnert, die im Zusammentreffen verschiedener Temperamente liegen können. Auch körperliche Voraussetzungen können eine Rolle spielen. Und ein letztes sollten wir bedenken: Es ist eine Tatsache, daß es in der Reiterei nichts gibt, was nicht doch möglich wäre. Das bedeutet, daß es neben den orthodoxen Methoden einer Korrektur auch unorthodoxe gibt, also Möglichkeiten, die – aller Theorie und Praxis widersprechend – eigentlich suspekt und verboten sind. Ich weiß, daß ich, wenn ich einmal zu einer unorthodoxen Maßnahme raten sollte, auf gewaltigen Widerspruch stoßen werde. Nötig ist indessen, sich darüber im klaren zu sein, daß auch die unorthodoxe Methode, die man da ergriffen hat, dazu führen muß, ein Pferd zur korrekten Art und Weise des Reitens zurückzubringen. – Doch nun zur Hilfengebung und zur Korrektur des verrittenen Pferdes.

Der letzte Tip vor dem Einreiten! Die Kunst des Ausbilders besteht darin, Pferd und Reiter nach richtig dosiertem Abreiten und der passenden Einstellung ins Viereck zu schicken.

Die Hilfengebung des Reiters im Überblick

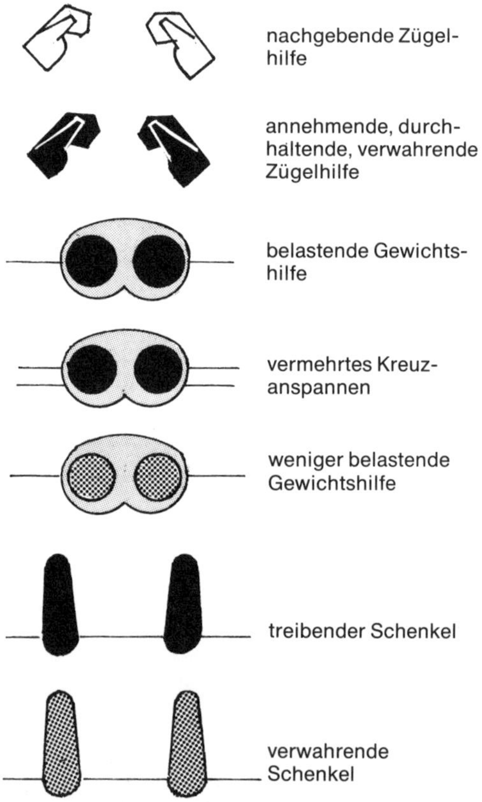

Bevor wir uns an die Korrekturarbeit machen, sollten wir einen kurzen Blick auf die Hilfen werfen. Das diffizile Spiel der Hilfen ist graphisch nur andeutungsweise darzustellen; aber vielleicht läßt sich doch der eine oder andere Reiter beim Studium dieser Zusammenstellung zum Nachdenken anregen. Am wichtigsten ist, zu erkennen, daß gesondert gegebene Hilfen nicht zum Erfolg führen, sondern daß immer alle drei Hilfen (zuzüglich Stimme und Gerte) zusammen eingesetzt werden müssen. Dabei kann durchaus die Betonung auf einer einzelnen Hilfe liegen – je nach Art und Ausmaß der notwendigen Korrekturen. Die verständnisvolle Handhabe der Hilfen schließlich muß dazu führen, daß bereits Andeutungen ausreichend sind, die dem Pferd mitteilen, was es zu tun hat. Der Reiter hat durch ebenso spontanen wie konsequenten Einsatz seiner Hilfen dafür zu sorgen, daß neuerliche Schwierigkeiten oder Widersetzlichkeiten schon im Keime erstickt werden. Dem Grad der Möglichkeiten von Roß und Reiter entsprechend muß irgendwann jener Stand der Harmonie zwischen beiden erreicht werden, der letztlich zum beglückenden Erlebnis des Reitens führt.

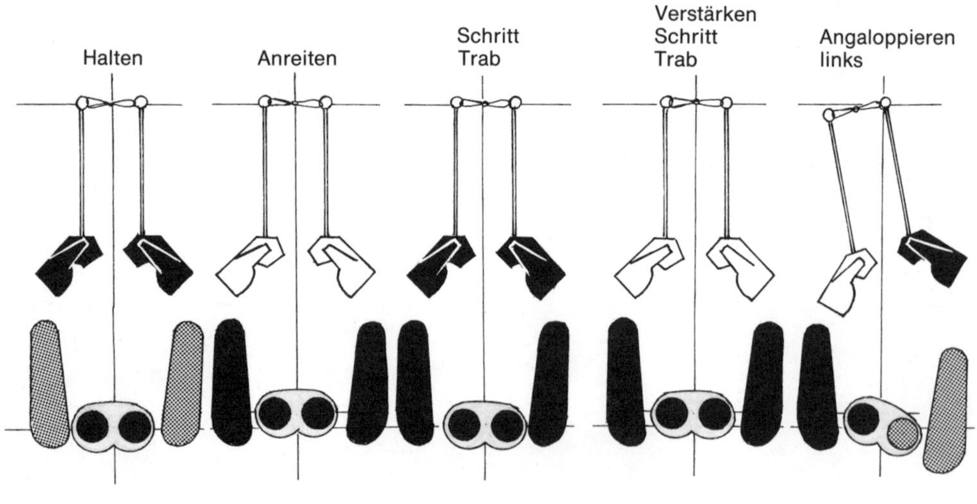

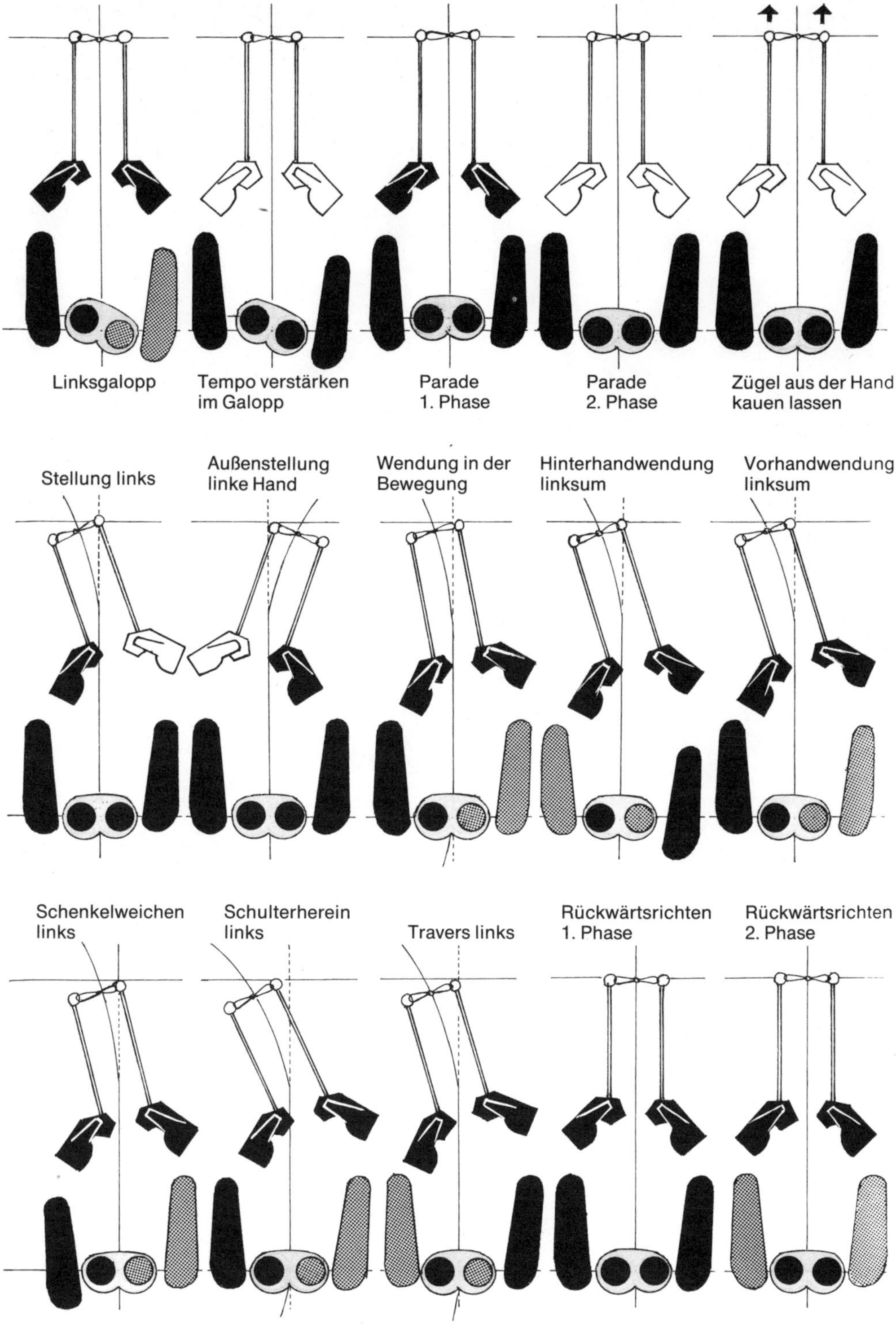
Linksgalopp
Tempo verstärken im Galopp
Parade 1. Phase
Parade 2. Phase
Zügel aus der Hand kauen lassen
Stellung links
Außenstellung linke Hand
Wendung in der Bewegung
Hinterhandwendung linksum
Vorhandwendung linksum
Schenkelweichen links
Schulterherein links
Travers links
Rückwärtsrichten 1. Phase
Rückwärtsrichten 2. Phase

312

Die Korrekturarbeit

Putzen und Satteln

Unsere Arbeit mit dem Pferd beginnt im Stall. Ich finde, es sollte für jeden begeisterten Reiter eine Selbstverständlichkeit sein, sein Pferd zumindest selbst zu satteln; noch besser ist es, es auch selbst zu putzen. Auch wenn ein guter Pfleger da sein sollte – sie sind ohnehin selten –, dann schadet ein kurzes Drüberputzen nicht, gibt aber andererseits dem Reiter die Gelegenheit, sich mit seinem Pflegling zu beschäftigen und Kontakt aufzunehmen.
Schon beim Putzen sind die ersten möglichen Schwierigkeiten zu erkennen. Es ist immer wieder wichtig und interessant festzustellen, wie und wo ein Pferd empfindlich ist, wann es besonders gehorsam ist und wie es seinen Ungehorsam äußert; darüber hinaus gehört es halt ganz einfach dazu, daß man sich mit seinem Pferd abgibt und mit ihm spricht, so daß es Vertrauen gewinnt. Pferde, die in dauerndem, gutem Kontakt mit einem Menschen stehen, sind weitaus anhänglicher, zutraulicher und damit umgänglicher und brauchbarer als Pferde, die zu einem Sportinstrument degradiert wurden. Dieses einmal gewonnene Vertrauen macht sich bezahlt: Irgendwann wird das Pferd Ihrer Stimme mehr Vertrauen schenken als einer anderen, und selbst wenn es zu keiner prekären Situation kommen muß, in der Sie sich nur noch auf Ihr Pferd verlassen müssen, wird doch dieses einmal gewonnene Vertrauen viel zum besseren und schnelleren Verstehen bei der täglichen Arbeit beitragen. Ihre Sprache – ruhig im Tonfall, als sprächen Sie zu einem Kind – und Ihre Bewegungen – ebenso ruhig, nicht abrupt oder hastig – werden aus ständiger Gewohnheit Ihrem Pferd so vertraut sein, daß es Ihnen auch dann gehorcht, wenn es das eigentlich lieber nicht möchte. Putzen Sie es also auch dann, wenn es, wie gesagt, optimal gepflegt wird. Das Pferd duldet eine Menge Vertrauensbeweise, und Sie sollten dies für sich in Anspruch nehmen: am Kopf und hinter den Ohren putzen, die Mähne bürsten, Nüstern und Augen auswischen, den Schweif verlesen, Anal- und Geschlechtsbereich sauberhalten, Hufe aufheben usw. Es gibt eine Reihe von Pferden, die extrem empfindlich sind und bei denen es beim Putzen zu mehr oder weniger großen Schwierigkeiten kommt, aber mit etwas Feingefühl werden diese abzubauen sein. Kitzligsein z. B. kann man beim Pferd ebensowenig beseitigen wie beim Menschen, aber man kann Rücksicht darauf nehmen und es unterlassen, Widerstände herauszufordern.
Schwierigkeiten beim Zäumen und Satteln gehören in die gleiche Rubrik. Wie viele Fehler werden bei dieser alltäglichen Prozedur gemacht? Und wie wichtig ist es doch, das Pferd daran zu gewöhnen, ohne Ärger und ohne Kampf. Da dreht es sich zunächst einmal darum, das Pferd an das Annehmen des Gebisses zu gewöhnen. Es ist wohl kaum ein Wunder, wenn Pferde,

◁ Hier hat etwas nicht gepaßt: Das Pferd verweigert und bricht nach links aus. Die reiterliche Einwirkung ist gleich Null.

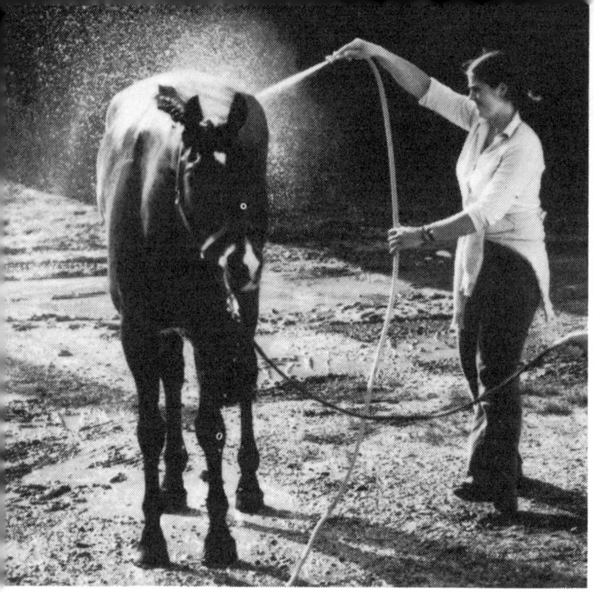

Besonders nach der Arbeit müssen die Pferde versorgt werden.

die fortlaufend schlechte Erfahrung mit groben Reiterhänden gemacht haben, nicht spontan bereit sind, diese Marterinstrumente gern ins Maul zu nehmen. Legen Sie den Sattel auf, knallen Sie ihn nicht auf den Rücken. Überzeugen Sie sich davon, daß er paßt, daß nichts drückt, und gurten Sie bei empfindlichen Pferden – zumeist sind Stuten empfindlicher – nie voll an, sondern nach und nach. Es kann eventuell bei manchen Pferden mit *Sattelzwang* hilfreich sein, den Sattelgurt so fest wie üblich anzuziehen, soweit sie es sich ohne Schaden gefallen lassen, aber vor dem Hinausführen aus dem Stall die Gurte wieder um ein Loch länger zu schnallen. Für das Pferd bedeutet das eine Erleichterung, wurde doch der Druck damit gemindert. Führen Sie Ihr Pferd ein paar Schritte und lassen Sie ihm Zeit, sich an den Sattel zu gewöhnen. Auch hierbei sollte alles in Ruhe geschehen, ohne laute Worte und schon gar nicht mit irgendwelchen Strafen. Und wenn es nötig sein sollte, dann lassen Sie sich lieber beim Aufsitzen helfen, entweder daß ein anderer am rechten Steigbügel gegenhält, damit Ihnen der Sattel nicht entgegenkommt, oder indem Ihnen in den Sattel geholfen wird.

Aufsitzen

Jetzt kommt der wichtigste Faktor: Sorgen Sie dafür, daß Ihr Pferd beim Aufsitzen absolut ruhig steht, ohne sich zu rühren, weder seitwärts noch vor oder zurück. Der Gehorsam beginnt beim Aufsitzen. Wenn Sie bereits hier Schwierigkeiten haben, werden weitere dazukommen. Denken Sie nicht: Morgen werde ich es zum Stillstehen bringen; nein, jetzt und in diesem Moment sollen Sie es tun. Sitzen Sie so lange auf und ab, bis das Pferd absolut ruhig und gelassen stillstehen gelernt hat. Am nächsten Tag machen Sie das gleiche, bis es zur Selbstverständlichkeit geworden ist, daß das Pferd zu stehen hat, solange der Reiter nicht oben sitzt. Reiten Sie aber auch nicht sofort an, sondern loben und streicheln Sie es, sprechen Sie mit ihm, ordnen Sie die Zügel, Kleidung, was weiß ich – dann erst reiten Sie an. So werden Sie von der häßlichen Situation verschont bleiben, daß Ihnen Ihr Pferd – einen Fuß haben Sie schon im Steigbügel – ständig wegläuft. Wie oft sieht man einen Reiter in solch einer Situation sein Pferd am Zügel reißen, rückwärtsstoßen, verzweifelt versuchend, sich hinaufschwingen zu können. Er hätte früher mit der Erziehung beginnen sollen! Bei jungen Remonten sollte man das Stillstehen abkürzen, denn sie können bei noch nicht ausreichender Stärke der Rückenmuskulatur das Stehen als unangenehm empfinden und deshalb Tendenz zur Unruhe zeigen. Erst bei ausreichender Gymnastizierung kann übrigens auch während der Arbeit das Stillstehen länger ausgedehnt werden.

Das verspannte, nicht losgelassene Pferd

Im Grunde sollte es müßig sein, sich noch über die Notwendigkeit der Losgelassenheit der Pferde unterhalten zu müssen. Unendlich viel ist über dieses Thema gesagt und geschrieben worden. Selbst wenn man unterstellt, daß jeder Reiter eine Vorstellung davon hat, wie ein »losgelassenes« Pferd aussehen soll, so ist es doch erstaunlich, wie wenig Pferde losgelassen gehen, nicht nur in den Dressurprüfungen.

An zwölf sichtbaren Merkmalen ist festzustellen, wann ein Pferd losgelassen geht:

1. Das Pferd tritt gleichmäßig und schwungvoll.
2. Es schwingt im Rücken,
3. ist im Genick locker
4. und gibt auf beiden Zügeln weich nach.
5. Es kaut.
6. Es ist auf beiden Händen leicht zu stellen, wobei der Mähnenkamm jeweils nach innen kippt.
7. Der Übergang von einer Stellung in die andere geschieht geschmeidig.
8. Das Pferd kaut die Zügel korrekt aus der Hand
9. und läßt sich bei hingegebenen Zügeln treiben.
10. Das Pferd schnaubt sich ab.
11. Der Schweif wird elegant und ruhig getragen, nur das Schweifende pendelt im Takt.
12. Bei Wallachen ist kein Schlauchgeräusch zu hören.

Rückenschwierigkeiten sind oft der Grund für Verspanntsein bzw. Nicht-Losgelassenheit eines Pferdes. Gerade über den festgehaltenen Rücken gehen vielerlei Verspannungen in das Muskelkorsett des Pferdes, manche steife Hinterhand ist die Folge. Sie können Ihren Blick für einen festgehaltenen Rücken trainieren, wenn Sie z. B. das Spiel der Rückenmuskeln hinter der Sattellage – beim gesattelten Pferd – beobachten: Bewegt sich nichts oder vibrieren die Muskeln dort – und in der Nierenpartie – locker? Die Lockerungsübungen zur Entspannung der Rückenmuskulatur sind bekannt: Leichttraben, Abgaloppieren im leichten Sitz, Cavaletti, evtl. leichte Sprünge und dergleichen mehr. Pferde mit kur-

Die wichtigsten Muskelbänder und ihre hauptsächlichen Zugrichtungen und Wirkungen auf die Gelenke und Mechanik des Pferdes.

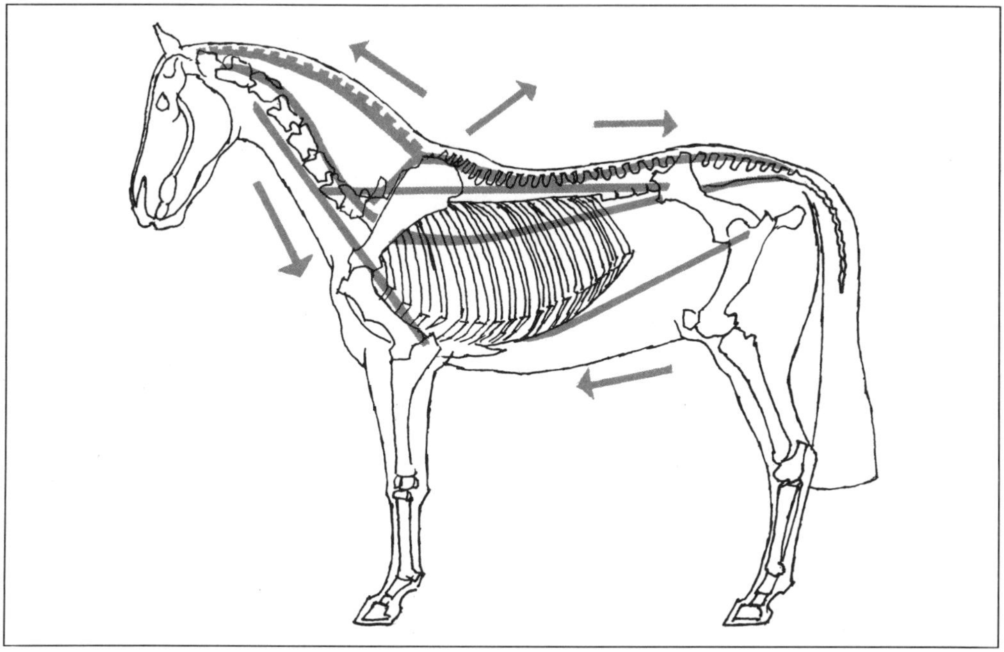

zem und festgehaltenem Rücken sollten übrigens nicht zuviel auf geraden Linien galoppiert werden. Sie lösen sich eher im Galopp auf dem Zirkel, zudem beruhigt es.
Es gibt aber auch anatomisch bedingte Rückenschwierigkeiten, dann nämlich, wenn die Spannung der Bänder, die die einzelnen Wirbel aneinanderhalten soll, nicht mehr ausreicht und die Bänder überdehnt werden oder gar reißen. (Der Rükkenbogen nimmt übrigens einen etwas anderen Verlauf, als allgemein vermutet wird, denn der sichtbare Verlauf der Rückenlinie wird durch die Dornfortsätze markiert, nicht aber durch die Rückenwirbel.) Pferde mit solchen Schwierigkeiten haben auch bei leichten Reitergewichten häufig Rückenschmerzen.
Das Training der Bauchmuskeln ist – wie überhaupt – eine der wichtigsten Maßnahmen; hierzu gehört das Klettern und das Fahren, aber nicht unbedingt im Wagen, eher an einer leichten Schleppe. Beim Fahren im leichten Wagen ist nicht der notwendige Schub vorhanden, den die Schleppe erfordert (Platz und Hallenboden glattziehen!). Es ist zu überlegen, ob die Arbeit unter dem Sattel zu reduzieren ist – besonders bei jüngeren Pferden, deren Wirbelsäule ja erst mit 5–6 Jahren voll entwickelt ist. Wärmebehandlung durch Solarium ist angebracht.
Für jeden Sportler ist es eine Selbstverständlichkeit, daß er seine Leistungen nur mit einer entspannten Muskulatur, gelokkerten Gelenken und geschmeidigen Sehnen bringen kann. Eine krampfartig zusammengezogene Muskulatur, die sich festgemacht hat, kann sich nicht dehnen; ohne Dehnen aber kein Spannen, keine Elastizität. Wir wollen uns darauf einigen: Losgelassenheit muß sein, auch dann, wenn es profilierte Reiter gibt, die der Meinung sind: Warum soll ich mein Pferd erst in die Tiefe reiten, wenn ich es danach wieder aufrichten soll. Oder es wird gesagt, Otto Lörke beispielsweise habe seine Pferde in der Piaffe gelöst – er hat, aber erstens sind wir kein Lörke, und zweitens tat er es auch nicht immer und jeden Tag und auch nicht mit jedem Pferd.

Das Lösen des Pferdes

Im übrigen gibt es zum Lösen eines Pferdes eine Reihe von Methoden und Übungen. Nicht jedes Pferd, das auf die Weide losgelassen wird, ist losgelassen; das eine galoppiert voller Spannung, mit hochgestellter Schweifrübe im Kratze-Galopp, das andere in harmonischen Galoppbewegungen. Diese Beobachtung beinhaltet einen wesentlichen Bestandteil der Losgelassenheit: den Gemütszustand. Ein wesentlicher Grund für Verspanntheit ist in der Psyche des Pferdes zu suchen. Ein vollendet ausgebildetes Pferd kommt mit der innerlichen Bereitschaft, mitzumachen, aus dem Stall und braucht keine langen Vorbereitungen, um bestehende Spannungen zu beseitigen; mit ihm führen ein paar Lockerungsübungen sehr schnell zu der täglich nötigen Gymnastizierung. Die innerliche Unbefangenheit stellt die ideale Basis zur Losgelassenheit dar. Auch das muß geübt und trainiert werden. Es hat zur Voraussetzung, daß Sie selbst ausgeglichen und entspannt an die Arbeit mit Ihrem Pferd gehen. Losgelassenheit müssen Sie sich selbst und Ihrem Pferd antrainieren. Sie müssen das üben, und es ist schade um jede Arbeit mit Ihrem Pferd, solange der Zustand völliger Gelöstheit noch nicht erreicht ist, solange Ihr Pferd nicht völlig unbefangen, willig – ohne zu eilen oder zu verhalten – vorwärtsgeht. Dabei ist zu bedenken, daß das Lösen, das Geschmeidigmachen einer Remonte anders aussieht als das eines völlig ausgebildeten Dressurpferdes oder eines Springpferdes. Es ist ein Trugschluß zu glauben, daß ewiges Abtraben im Leichttraben generell jedes Pferd zum Lösen bringt; zudem wird ein Pferd, je mehr es »abgetrabt« wird und je mehr Zeit es braucht, gelöst zu werden, um so kräftiger in der Mus-

kulatur, wodurch es schließlich noch mehr Zeit braucht. Dasselbe gilt für zu langes Abgaloppieren. Pferde, die schwer zur Losgelassenheit zu bringen sind, können eventuell Schwierigkeiten, auch Schmerzen, im Rücken haben. Sie gehen zumeist über der Hand. Auch Schmerzen oder Verkrampfungen an irgendeiner anderen Stelle können der Grund dafür sein, daß sie sich nicht loslassen. In solchen Fällen kann es sich als günstig erweisen, in Stellung zu reiten und zu versuchen, durch Nachgeben des äußeren Zügels das Pferd zum Strecken zu bringen. Vergessen Sie dabei das Treiben nicht, und vergegenwärtigen Sie sich gleichzeitig, daß Sie damit lediglich eine Eselsbrücke zur Überlistung Ihres Pferdes benützt haben. Das enthebt Sie nicht Ihrer Aufgabe, nach Erfolg der unorthodoxen Maßnahme das Pferd wieder an den äußeren Zügel zu bringen.
Außer körperlich bedingten Versteifungen – denken Sie auch einmal an einen Muskelkater – ist es oft seelische Unausgeglichenheit (Angst, Erregung, Mißtrauen, Temperament), die ein Pferd an der nötigen Losgelassenheit hindert. Durch Abgaloppieren können solche Pferde möglicherweise noch steifer werden. Wir kommen häufig weiter, wenn wir unser Pferd an hingegebenen Zügeln einfach stehenlassen und gar nichts tun.

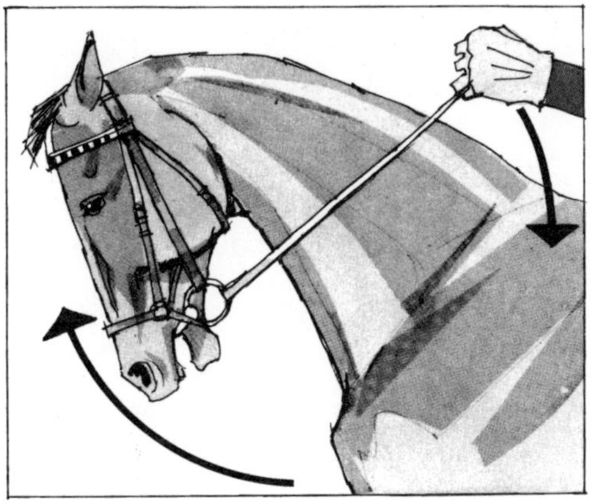

Handfehler Nummer 1: Die Hand, die nach oben zieht. Runter mit der Hand!

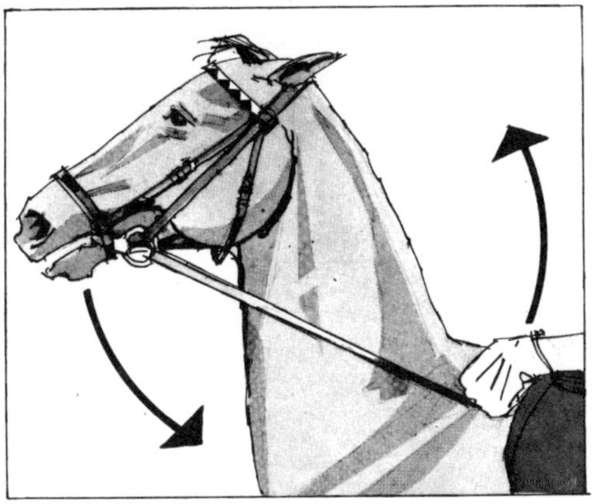

Handfehler Nummer 2: Die drückende Hand. Rauf mit der Hand!

Temperamentsfehler

Sie machen meist mehr Schwierigkeiten als Gebäudefehler. Diese Temperamentsfehler sind auch der Grund dafür, daß die Losgelassenheit, wenn sie schon einmal erreicht worden war, plötzlich wieder weg ist, vielleicht schon vom Abreiteplatz bis ins Viereck. Losgelassenheit als Dauererscheinung ist das Ergebnis von guter Veranlagung und richtiger Arbeit. Jedenfalls hat die Anwendung von Gewalt fast immer den Verlust der Losgelassenheit zur Folge. Die Basisarbeit ist im allgemeinen die gleiche: Schritt am hingegebenen Zügel, minde-

Korrekte Handhaltung.

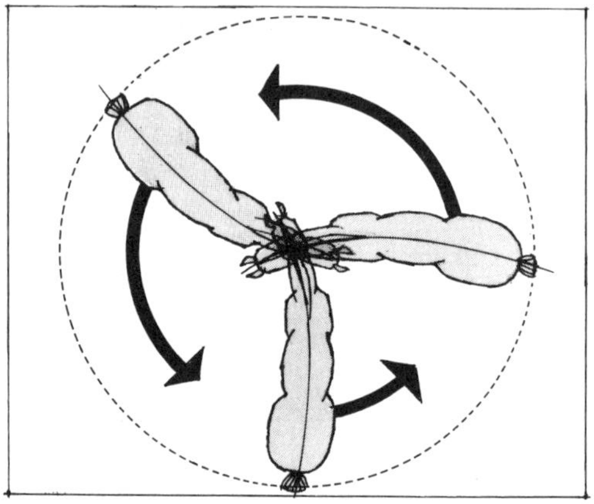

Die Mühle. Ratsam sind Bandagen auch an der Hinterhand wegen der Gefahr von Verletzungen oder Überbeinen.

stens 5 Minuten. Pferde, die dabei eilen, wenden Sie ab auf einen Zirkel, und wenn dies nicht helfen sollte, auf eine größere Volte; alles am hingegebenen oder langen Zügel. Hilft das immer noch nicht, dann lassen Sie Ihr Pferd bei leicht aufgenommenem Zügel um die Vorhand – auf beiden Händen abwechselnd – so lange übertreten, bis der Dampf abgelassen ist. Reiten Sie keine andere Gangart, bevor nicht Ruhe eingetreten ist, und seien Sie konsequent, denn Konsequenz sollte ein Grundtenor Ihrer Arbeit sein. Geht Ihr Pferd im ruhigen Schritt – ohne zu eilen –, vergessen Sie nicht, es ausgiebig zu loben, denn es wird begreifen lernen, daß Sie ihm nichts Böses wollen. Ihr Ziel muß sein, daß Ihr Pferd lernt, die Stunde völlig ohne Eile im Schritt zu beginnen. Das kann einige Zeit dauern, bis Sie das erreicht haben, aber vergessen Sie nicht: Ein Pferd, das beim Aufsitzen schon nicht ruhig stehen gelernt hat, wird Ihnen auch im Schritt unter dem Sattel nicht ruhig gehen, und eilt es im Schritt, dann wird auch der Trab eilig sein. Sie müssen aber auf jeden Fall vermeiden, Ihr Pferd im Schritt am Beginn der Stunde an die Zügel stellen zu wollen, denn erstens werden Sie den Schritt verderben, und zweitens wird Ihr Pferd dabei nicht gelöst. Das Übertretenlassen um die Vorhand (Karussell) ist bei eilenden Pferden ein probates Mittel – auch bei zackelnden Pferden. In dieser Phase der Entspannung sollten Sie zunächst noch keinerlei Schenkelweichen ausführen. Das Schenkelweichen ist zwar eine lösende Lektion, aber solange Ihr Pferd noch keinen ruhigen Schritt geht, lassen Sie das lieber; ohne korrekte Anlehnung strapaziert es nur die Gelenke Ihres Pferdes. Wichtig ist zunächst, daß Ihr Pferd lernt, im ruhigen Schritt, bei tiefer Nase im Takt, ohne zu eilen vorwärtszugehen. Auch das Treten im Schritt über Cavaletti – richti-

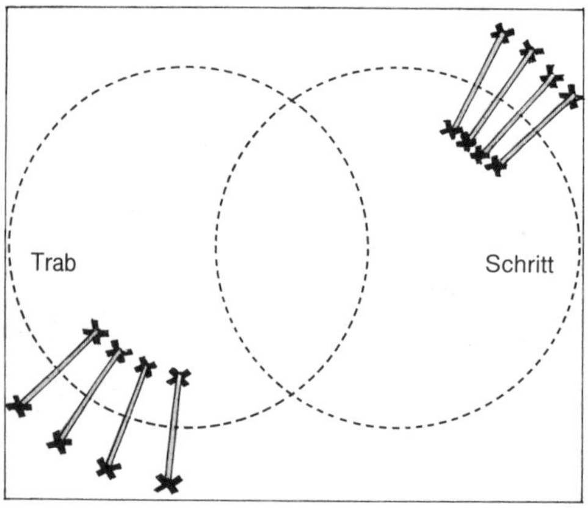

Anordnung der Cavaletti für Schritt und Trab.

ger Abstand: ca. 70 cm – bei niedrigster Einstellung kann von Nutzen sein. Günstig ist es, die Cavaletti auf dem Zirkel aufzubauen, denn das gibt Ihnen Gelegenheit, die Schrittlänge zu steigern, da ja die Stangen auf die Zirkelmitte zentriert liegen.

Paßartiger Schritt

Es ist oft zu beobachten, daß Pferde, die paßartige Schrittfolgen zeigen, bei hingegebenen Zügeln durchaus im reinen Viertakt zu gehen vermögen. In ganz seltenen Fällen bleiben Pferde im Paß. Diese Pferde sind für die Dressurreiterei ohnehin unbrauchbar. Es ist müßig, sich darüber unterhalten zu wollen, daß es Zeiten gab, in denen Paßgänger beliebte Reitpferde – besonders für Damen – waren, ja daß man diese Pferde züchtete bzw. zum Paßgang ausbildete. Unbestreitbar vermittelt er ein angenehmes, gleichmäßig schaukelndes Gefühl. Einem Freizeitreiter kann es im Grunde egal sein, ob sein Pferd Paß geht oder nicht, wobei zu bemerken ist, daß vorzeitig verbrauchte Pferde als Zeichen von Schwäche paßartigen Schritt zeigen können. Die normale Fußfolge jedenfalls ist der absolut *reine Viertakt.* Diesen Viertakt bringt das Pferd von Natur aus mit, und man sollte alles tun, ihn zu erhalten. Vielen verdorbenen Pferden wurde der Schritt weggeritten, und ist dies einmal geschehen, so ist er nur schwer wieder zurückzuerlangen. Nochmals: Hände weg vom »An-die-Zügel-Stellen« bei jungen Pferden, übrigens auch im Gelände, und schon gar vom »Riegeln«.

Der Schritt ist in der Tat die schwierigste Gangart, und es gehört enorm viel reiterliches Gefühl dazu, den Schritt auszubilden bzw. nicht zu verderben. Besonders oft sieht man, daß Pferde nach den Übergängen vom Trab oder Galopp zum Schritt unrein gehen, aus Mangel an Losgelassenheit. Bei solcherart gefährdeten Pferden sollte man diese Übergänge in einem anderen Modus reiten. Wir hatten schon von den Cavaletti gesprochen; richten Sie Ihre Paraden also so ein, daß Sie die ersten Schritte über ein paar Cavaletti reiten, die Sie neben dem Hufschlag aufgebaut haben, noch besser auf einer Zirkellinie. Es stehen aber nicht immer Cavaletti zur Verfügung. Versuchen Sie dann, die Übergänge mit dem Aus-der-Hand-kauen-lassen der Zügel zu verbinden, und unterstützen Sie diese auslaufenden Paraden durch Stimmeinwirkung. Vergessen Sie dabei das Loben nicht. Sie können aber auch – zur Förderung der Durchlässigkeit – vorher Übergänge vom Mitteltrab zum Arbeitstrab bzw. vom Mittelgalopp zum Arbeitsgalopp üben. Möglicherweise können Sie nach den Übergängen zum Schritt ein paar Tritte Schenkelweichen durchführen lassen – bei verlängertem Zügel, und das ist das Wichtigste dabei. In tiefem Boden wird übrigens kein Pferd Paß gehen, auch nicht auf unebenem, elastischem Waldboden. Denken Sie dabei auch daran, Ihrem Pferd zu erlauben, die Nase so tief und lang zu tragen, wie es will.

Eiliger Schritt

Den eiligen Schritt regelt man am besten auf gebogenen Linien bei hingegebenen oder langen Zügeln. Auch hier wird die Stimme sehr hilfreich sein sowie das Reiten mit den Zügeln in einer Hand, während die andere die Mähne krault. Wenden Sie immer wieder ab, reiten Sie größere und kleinere Volten und Zirkel, halten Sie, lehren Sie Ihrem Pferd das Stehenbleiben, mit Stimme und ohne wesentlichem Annehmen der Zügel. Bringen Sie Ihre Schenkel dabei leicht verwahrend an den Pferdeleib. Ihr Pferd soll so lernen, allmählich auf diesen leicht angelegten Schenkel zu reagieren, so daß die aushaltende Hand für die Paraden zur ausreichenden Zügelhilfe wird. Erst wenn der Schritt nicht mehr eilig ist, setzen Sie die weitere Arbeit fort. Ich sagte es bereits beim paßartigen Schritt: Geht Ihr Pferd im Schritt eilig, eilt es auch im Trab.

Entlastender Sitz. Leicht vorgeneigter Oberkörper, wenig Anlehnung.

Wie bei allen Korrekturen müssen Sie auch hier Geduld haben und Konsequenz zeigen. Schon den Ansatz zum Eilen sollten Sie spüren und sofort unterdrücken, sei es durch Stimme, kurzen Zügelanzug und Schenkelanlegen, Abwenden auf gebogene Linien, Übertretenlassen hinten und dergleichen mehr. Arbeiten Sie Ihr Pferd auch erst dann im versammelten Schritt, nachdem der Schritt geregelt ist, und wenn es fähig ist, einen völlig durchlässigen, versammelten Trab und Galopp zu gehen. Erst dann ist die Zeit gekommen, am Ende der Stunde in kurzen Reprisen vorsichtig einen versammelten Schritt zu reiten. Vermeiden Sie dabei häufigen Tempowechsel im Schritt. Das Gleichmaß der Tritte und das im versammelten Schritt geforderte Schreiten würden darunter leiden und Ihre Arbeit zunichte machen.

Weitere Betrachtungen lesen Sie bitte in dem Abschnitt über das eilende Pferd (s. Seite 62).

Kurzer Schritt

Pferde mit kurzem Schritt, d. h. mit wenig Übertritt, sollten Sie mit etwas mehr Zügelfreiheit gehen lassen. Die Schenkel sollten dabei vermehrt treiben, selbst dann, wenn dabei ein paar Trabtritte herauskommen. Von einer der Reitersünden haben wir weiter vorn schon gesprochen: Da wird im Schritt nebeneinander geritten und geschwatzt, die Pferde am Zügel, Runde um Runde. Sie sollten bedenken, daß, wenn sich die Reiter miteinander unterhalten, es den Pferden auch gestattet sein sollte, sich auszuruhen, nämlich mit langem Hals und entspanntem Rücken zu gehen; also weg mit den Zügeln! Vergessen Sie nicht: Ihr Pferd ist auf Sie eingestellt, es erwartet in voller Aufmerksamkeit Ihre Anweisungen. Wenn Sie aber nun im Schritt mit angestellten Zügeln Runde um Runde drehen, ohne daß etwas »passiert«, machen Sie zum einen Ihr Pferd stumpf, zum anderen leidet notwendigerweise der Schritt. Schrittreprisen, die der Erholung dienen, sollten Sie zumindest mit langen, wenn nicht hingegebenen, Zügeln reiten. Dasselbe gilt für draußen im Gelände. Für Pferde, die viel in der Halle gearbeitet werden, bedeutet der Ausritt ja auch Erholung. Von gewissen Ausnahmen und Gelegenheiten abgesehen, sollte ein gut gerittenes Pferd in den Schrittreprisen bummeln dürfen. Selbstverständlich bedarf es Ihrer Aufmerksamkeit und Bereitschaft, sofort »da zu sein«, falls sich ein Anlaß zum Erschrecken ergibt. Lassen Sie Ihr Pferd halt auch einmal ein paar Halme Gras zupfen. Natürlich gibt es berechtigte Einwände dagegen, aber es gibt ebenso viele Gründe, die dafür sprechen – und einer davon ist, daß sich Ihr Pferd ganz einfach wohl fühlen soll. Es gibt zahllose Pferde, die kaum eine Koppel zu sehen bekommen, schlimm genug; dann sollten Sie ihnen aber auch gestatten, einmal ein paar grüne Halme zu naschen.

Das Zackeln

Das Zackeln ist ein weiteres Zeichen eines nicht losgelassenen Pferdes. Es steht nicht an den Hilfen. Damit hat jene Aussage ihre Berechtigung, die besagt, daß ein Pferd nur unter einem schlechten Reiter zackelt und daß ein guter Reiter kein zackelndes Pferd unter dem Sattel haben wird. Es gibt Pferde, die aufgrund ihres Temperaments zum Zackeln tendieren. Es gibt aber auch Möglichkeiten, es ihnen abzugewöhnen. Zunächst jedoch ist die Schuld beim Reiter zu suchen, und das heißt, mit der Korrektur ist in der Halle oder auf dem Viereck zu beginnen. Draußen im Gelände wird das weitaus schwieriger. Zunächst einmal sollte der Reiter lernen, mit seinem Pferd ins Gleichgewicht zu kommen. Der Sitz des Reiters ist zu überprüfen und zu korrigieren. Der immer wiederkehrende Hinweis darauf, daß nur aus einem korrekten Sitz die richtigen Hilfen kommen können, stellt ja keine Neuigkeit dar. Gerade beim Schritt zeigt es sich, wer »reiten« kann. Es ist nun einmal so, daß der Schritt die schwierigste Gangart ist, denn gerade hier kommt es auf die subtile, feine Abstimmung der Hilfen an, und im Schritt zeigt es sich, daß viel zu viel mit der Hand geritten wird. Der Reiter wird also lernen müssen, sein Pferd »vor dem Schenkel« zu haben, d. h. auch, daß er nicht mehr in der Hand haben darf, als er in sie hineinreitet. Es sollten also zunächst alle jene Übungen korrekt geritten werden, die bekanntermaßen die Anlehnung und Durchlässigkeit fördern. Dazu gehören Tempoübergänge im Trab und im Galopp, vom

Falscher Sitz auf zackelndem Pferd.

Trab zum Galopp, anfangs möglichst auf dem Zirkel, später auf der Geraden. Ebenfalls erst nachdem diese Übergänge fließend im Vorwärts vom Pferd im Maul, in Genick und Rücken sowie in den Hanken durchlässig ausgeführt werden, kommen die Übergänge zum Schritt aus dem Trab und dem Galopp. Die Kommunikation zwischen Reiter und Pferd wird dabei immer stärker. Der Reiter wird »erreiten«, was es heißt, ein Pferd an die Hilfen stellen zu können. Wie vieles in der Reiterei ist auch dies ein langer Weg.

Die Schrittreprisen – wie beim nicht taktrein gehenden Pferd – sollten anfangs stets am hingegebenen bis langen Zügel geritten werden. Völlig verkehrt wäre es, ein zackelndes Pferd mit festgehaltenen Zügeln zum Schritt bringen zu wollen. Ein probates Mittel, übrigens bei vielen Korrekturen, ist die »Mühle«. Sie ist eine Strafe und Sie sollten sie deshalb auch bewußt einsetzen – gezielt und mit Bedacht. Sie drehen das Pferd mehrere Male um 360 Grad um die Vorhand im Sinne einer Vorhandwendung, nur mit deutlicher Stellung zum seitwärtstreibenden Schenkel und schneller als bei der Vorhandwendung. Sie können die Wirkung steigern, indem Sie die Stellung zur steifen Seite des Pferdes geben. Dann reiten Sie im Schritt am langen Zügel weiter, bei jedem Ansatz zum Zackeln jedoch beginnen Sie sofort wieder mit der gleichen Übung. Wenn Ihr Pferd das Zackeln gelassen hat, dann loben Sie es aber auch – mit Stimme und Hand.

Die Korrektur zackelnder Pferde im Gelände kann schwieriger werden. Unter der Voraussetzung, daß das Zackeln nicht durch fehlerhafte Einwirkungen des Reiters entstanden ist, liegt die Ursache dazu oft im Temperament. Man sollte anfangs nicht in größeren Pulks ausreiten, empfehlenswert sind kleine Gruppen von zwei bis vier Pferden. Das zum Zackeln neigende Pferd sollte vorn gehen und das Schrittempo angeben, denn oft sind es Pferde, die im Schritt

nicht mitkommen. Die Gruppe sollte, wenn sich die Möglichkeit ergibt, nach den Seiten auseinandergezogen reiten, mit weiten Abständen und wechselnder Position des Zacklers. Vergessen Sie das Loben nicht. Genau wie in der Bahn müssen Sie jedes Anzeichen eines beginnenden Zackelns sofort und unmittelbar verhindern. Ihre Gefährten müssen auf Sie und Ihre Maßnahmen Rücksicht nehmen; schon deshalb ist der größere Pulk die unangebrachte Begleitung. Auch kann es von Nutzen sein, zwischendurch abzusitzen und zu führen. Ich nehme an, daß Sie sich davon überzeugt haben, daß Sattlung und Zäumung in Ordnung sind und nirgendwo etwas klemmt oder drückt. Lassen Sie Ihr Pferd einmal grasen, und vermeiden Sie überhaupt jede Hatz und Aufregung. Auch im Gelände besteht die Aufgabe selbstverständlich darin, das Pferd an die Hilfen zu bringen, denen es sich durch das Zackeln entzieht. Sie dürfen nicht mit klemmenden Schenkeln auf dem Pferd sitzen, sondern Sie sollen jene feine, spürbare Anlehnung an den Pferdeleib haben, die notwendig ist, um Einwirkungen erzeugen zu können. Hängen Sie mit dem Oberkörper nicht nach vorn, sondern belasten Sie beide Gesäßknochen betont gleichmäßig und treiben Sie mit dem Kreuz deutlich vorwärts. Auch im Gelände können Sie die »Mühle« als Korrekturmittel anwenden, sofort und so oft es notwendig ist. Es wird übrigens gut sein, Bandagen anzulegen, um Verletzungen zu vermeiden. Rückwärtsrichten – und zwar mehr als die normalerweise höchstens 6 Tritte – kann ebenfalls nützen, und zwar als Strafe. Nicht in übereilten Tritten, sondern ruhig und gelassen, aber durchaus bestimmt, bis das Zackeln aufgegeben wird. Dazwischen auch wieder ruhig stehen lassen und loben. Sie müssen sehr viel Geduld aufbringen. Strafen, am Zügel reißen, die Sporen geben oder schlagen hilft hier gar nichts.
Sollte jedoch Ihr Pferd von Ihnen nicht zu korrigieren sein, kenne ich nur noch eine Maßnahme: Trennen Sie sich von ihm. Es gibt übrigens Pferde, die »im Kopf nicht ganz richtig« sind, und da hilft ohnehin nichts. Schade um jede Liebesmüh'.

Schlauchgeräusch

Ein letztes Wort zum nicht losgelassenen Pferd. Bei Wallachen ist oft, wenn sie nicht losgelassen sind, das Schlauchgeräusch zu hören. Ein untrügliches Zeichen für eine gewisse Verspannung. Sie kann psychisch bedingt sein, kann aber auch ihre Ursache im Reiter haben. Dann nämlich, wenn durch falsche oder grobe Einwirkungen gespannte Gänge erzeugt werden. Diese Pferde lassen sich im Rücken nicht los und dadurch auch den Reiter nicht gut sitzen. Der Teufelskreis schließt sich, weil der Reiter durch das schlechte Sitzen im Rücken stört usw. Schlauchgeräusche hängen auch meist zusammen mit einer steifen Hinterhand, doch stehen die wenigsten Pferde heutzutage angebunden im Ständer, früher ein häufiger Grund für das Auftreten des Schlauchgeräusches. Aber es kann auch dazu kommen, wenn ein Wallach nicht zum Strahlen kommt und sich deshalb verspannt. Es ist nicht einfach, dieser Verkrampfung Herr zu werden, besonders dann, wenn sie psychisch bedingt ist. Häufiger Gangwechsel, auch Wechsel von lösenden und versammelnden Übungen im entlastenden Sitz, jedoch immer verbunden mit einer Aktivierung der Hinterhand, können das Übel beseitigen. Übrigens kann es leider auch chronisch werden.

Das laurige Pferd

Nach dem vielzitierten Satz von Steinbrecht – sein Pferd vorwärtszureiten und geradezurichten – sollten wir uns mit den unzähligen Mängeln, sowohl der Pferde wie der Reiter, beschäftigen, die sich daraus ergeben, daß im allgemeinen nicht genügend vorwärtsgeritten wird. So manche Widersetzlichkeit wäre im Keim zu ersticken, würde der Reiter diesen Satz beherzigen. Aber auch die »kleineren« Mängel, die bei weitem nicht so unbedeutend sind, wären indessen nicht entstanden, wenn während der Ausbildung oder später mehr an das Vorwärts gedacht und entsprechend vorwärtsgeritten worden wäre. Remonten zeigen in den ersten Wochen des Anreitens zumeist einen Vorwärtsdrang, und eines der Hauptprobleme ist in dieser Zeit, den Pferden beizubringen, daß sie im Takt zu gehen haben. In dieser Periode wird sehr viel leichtgetrabt, um den Pferden Gelegenheit zu geben, sich mit dem Gewicht des Reiters abfinden zu lernen. Aber irgendwann kommt der Zeitpunkt, wo sie sich mit dem Reiter abgefunden und die Erfahrung gemacht haben, daß ihnen ja eigentlich gar nichts passiert, wo sie – je nach Temperament – anfangen, faul und triebig zu werden. In dieser Zeit muß der Reiter dem jungen Pferd beibringen, was es heißt, vorwärtszugehen. Im allgemeinen bietet das auch keine allzu großen Schwierigkeiten, das Stöckchen – keine Dressurgerte –, an die Schulter gelegt, wird helfen; später auch die Sporen, mit Bedacht und richtig eingesetzt.

Was ist aber nun mit den älteren Pferden, die nie richtig vorwärtsgeritten wurden? Wir denken dabei nicht an die abgestumpften Manegenpferde, die den ganzen Tag über jede Stunde einen anderen Reiter »ertragen« müssen, sondern an die Pferde, die normal oder weniger gut angeritten wurden, die z. B. in die Hand einer durchaus tüchtigen Dame kamen, aber eigentlich nie richtig vorwärtsgeritten wurden. Nicht umsonst gibt es den Begriff des »Damenpferdes«, womit gemeint ist, daß es sich um ein durchaus korrekt gerittenes Pferd handeln kann, dem es aber an gewissem »Pep« mangelt. D. h. im Grunde könnte alles etwas energischer geritten werden, angefangen bei den Tempi bis hin zur Versammlung. Keine ausgesprochenen »Fehler«, gewiß, aber bei der entsprechenden Veranlagung des Pferdes ist es nicht weit bis zum »laurigen« Pferd, das sich unsäglich schwer treiben läßt, bei dem man den Eindruck hat, daß nicht viel fehlt und es wird im Gehen einschlafen. Es ist wohl selbstverständlich, daß in einem solchen Fall nur ein energisches Zupacken den nötigen Erfolg bringen kann. Ist die Möglichkeit gegeben, so sollte man das Pferd in der Halle frei laufen, über kleine Sprünge gehen lassen und es ermuntern, sich einmal richtig auszutoben. Auch Longieren in energischen, schwungvollen Tempi, ohne zu eilen und zu jagen, kann helfen. Alles unter der Voraussetzung, daß weder Futtermangel noch irgendein organisches Leiden die Ursache für die Bewegungsunlust ist.

Unter dem Reiter sollte das Pferd in kurzen, aber energisch gerittenen Reprisen allmählich lernen, daß es vorwärtszugehen hat. Scharfe Sporen sind nicht unbedingt das richtige Mittel; eher im richtigen Augenblick gezielt angewandte Sporen, die kontrolliert dann eingesetzt werden, wenn sie Effekt haben können. D. h. der Sporen oder die Gerte kann nur dann das Pferd zum Vorwärtstreten – oder Seitwärtstreten – veranlassen, wenn es dazu in der Lage ist, also keinesfalls, wenn es den betreffenden Fuß am Boden hat. Versuchen Sie doch einmal, während Sie im Gehen z. B. Ihren linken Fuß am Boden haben und diesen voll belasten, sich selbst den Befehl zu geben, diesen Fuß nach vorn zu bewegen. Es geht nicht; es wird erst möglich sein, wenn Sie sich diesen Befehl dann geben, sobald Ihr rechter Fuß die Last aufgenommen hat und damit der linke Fuß vorwärtsschwingen kann. Es ist also absolut sinnlos, Ihrem Pferd die Hilfe zum Vorwärtstreten für den linken Hinterfuß z. B. dann zu geben, wenn sich dieser Hinterfuß auf dem Boden befindet und belastet ist. Lernen Sie also zunächst einmal zu spüren, wann sich die jeweiligen Hinterbeine vom Boden abheben.

Fußfolge im Schritt. 4

3

Fußfolge im Trab. 4

3

Fußfolge im Galopp. 4

3

2

1

2

1

2

1

Fußfolge Schritt

Altbekannte Regeln der Schrittfolge: linkes Vorderbein, linkes Hinterbein, rechtes Vorderbein, rechtes Hinterbein. Die Fußfolge geschieht gleichseitig, aber nicht gleichzeitig. Eine vereinfachte Formulierung eines weitaus vielfältigeren Ablaufes, aber für uns genügt das. Also: Wenn z. B. das linke Vorderbein auffußt, hebt sich das linke Hinterbein vom Boden, und das ist der richtige Augenblick des Impulses für den linken Schenkel. Es wäre also absolut sinnlos, in diesem Moment mit dem rechten Schenkel treiben zu wollen. Übrigens holt sich das Pferd den Impuls gewissermaßen selbst, denn beim Strecken bis zum Abfußen des linken Hinterbeines wölbt sich die linke Seite des Pferdeleibes, und damit erfolgt der Druck des linken Schenkels von allein. Nur sollte man den Druck in diesem Augenblick verstärken. Bei Anfängern ist oft zu sehen, daß beide Schenkel zugleich an den Pferdeleib klopfen. Dieses beidseitige Schenkelschlenkern hat mit Treiben ohnehin nichts zu tun, und die Korrektur dieses Übels gehört in das Kapitel vom richtigen Sitz. Es ist vielleicht müßig, es immer zu wiederholen, aber mit dem korrekten Sitz beginnt alles: Damit hängt der ruhige Schenkel zusammen, und dieser ruhige Schenkel schlenkert nicht, sondern er vermag zu treiben. Es erübrigt sich wohl der Hinweis, daß ein lauriges Pferd, das im Schritt nicht bereit ist, vorwärtszugehen, auf keinen Fall – auch nicht versuchsweise – »an die Zügel« gestellt werden sollte. Es soll lernen, im fleißigen Schritt, ohne zu eilen, den treibenden Schenkeln und Hüften folgend, in möglichst geraden Linien bei langen oder hingegebenen Zügeln vorwärtszuschreiten. Die Reprisen sollten auch nicht zu lang bemessen werden, so daß das Pferd glauben könnte, sich im Schritt ausruhen zu dürfen.

Im großen Ganzen sollte die Arbeit von Anfang an auf die physischen Möglichkeiten des Pferdes abgestimmt werden, d. h. daß die Arbeit allmählich gesteigert wird. Dem Pferd ist klarzumachen, daß es Arbeit bedeutet, sobald der Reiter Platz genommen hat. Aufmunternde Trab- und Galoppreprisen können diese Arbeit steigern, aber auch die Arbeit im Gelände, insbesondere das kräftigende Bergaufreiten an langen, nicht zu steilen Abhängen. Gerade lange, leicht ansteigende Hänge stärken die Hinterhand im Schritt ungemein.

Fußfolge Trab

Für den Trab gilt das gleiche wie für den Schritt: Auch hier vermag das Pferd dem treibenden Impuls nur dann Folge zu leisten, wenn der entsprechende Hinterfuß abgefußt und der andere Hinterfuß die Last aufgenommen hat. Wir erinnern uns: Trab ist Zweitakt mit diagonaler Fußfolge: Linker Vorderfuß mit rechtem Hinterfuß schwingen gemeinsam nach vorn, während das andere Beinpaar die Last aufnimmt. Auch hier ist ein beidseitiges Klopfen nicht korrekt. Das Tempo im Trab sollte bei laurigen Pferden stets etwas über dem liegen, was das Pferd anbietet. Wir beginnen auf geraden Linien im Leichttraben, wobei es ebenfalls gleichgültig ist, ob eine Anlehnung besteht oder nicht. Das einzige, was Ihr Pferd tun soll, ist vorwärtsgehen, auch auf die Gefahr hin, daß es »auseinanderfällt«. Es kann in dieser Periode durchaus einmal nötig sein, etwas massiver zupacken zu müssen. Dann ist ein gezielter Schlag hinter den Schenkel angebracht und mitunter effektvoller als ein Sporenstich. Dieser gezielte Schlag muß dann erfolgen, wenn der Schenkel keine Wirkung erzielte. Und er sollte auch konsequent jedesmal dann kommen, wenn Schenkel und Sporen erfolglos waren. Reagiert aber Ihr Pferd auf diese gröbere Aufforderung, dann vergessen Sie das Lob nicht. Die Gerte sollte spontan und unmittelbar nach dem erfolglosen Schenkel eingesetzt werden, und genieren Sie sich nicht, wie gesagt, gegebenenfalls auch einmal hinzulangen. Später wird die Andeutung genügen. Sollte sich Ihr Pferd, weil es auseinandergefallen ist, in die Eisen greifen, galoppieren Sie eine Runde, parieren zum Schritt und fangen erneut an, leichtzutraben, in nicht zu eiligem Tempo. Wenn Ihr Pferd begriffen hat, daß es bedingungslos vorwärtsgehen muß, dann ist es Zeit, an die Anlehnung zu denken, an die ruhige, aushaltende Hand heranzureiten, ohne daß das Tempo und der Schwung weniger werden.

Fußfolge Galopp

Im Galopp können die treibenden Hilfen ebenfalls nur dann Erfolg haben, wenn der innere Hinterfuß am Vorschwingen ist. Wir erinnern uns an die Fußfolge im Galopp: Nach der freien Schwebe fußt zuerst der äußere Hinterfuß, darauf fußt zugleich der innere Hinterfuß mit dem äußeren Vorderfuß und als letzter schließlich der innere Vorderfuß, der das Pferd wieder zur freien Schwebe abschiebt. Wiederum als vereinfachte Fußfolgenschilderung interessiert uns in unserem Fall das Vorschwingen des inneren Hinterfußes unter den Schwerpunkt von Roß und Reiter – der Moment nämlich, in dem die Hilfe zum Vorgreifen gegeben werden muß. Auch im Galopp holt sich das Pferd praktisch die Hilfe selbst, indem sich die Innenseite des Pferdeleibes wölbt, wenn der innere Hinterfuß vorgreift. Es ist übrigens auch der Augenblick des Bewegungsablaufes, indem der Reiter das Gefühl hat, das Pferd würde vorn höher. Die Unterstützung der treibenden Hilfen mit der Gerte kann nur dann ihre Wirkung haben, wenn die innere Hinterhand vorschwingt. Dies ist jener Augenblick, wo die innere Pferdeschulter am weitesten zurückgegangen ist.
Zu diesem Zeitpunkt der Korrektur ist es – wie in den anderen Gangarten ebenfalls – nicht wichtig, an die Anlehnung bzw. Kopfhaltung zu denken. Auch hier gilt lediglich, dem Pferd beizubringen, daß es vorwärtszugehen hat. Reiten Sie gerade Linien mit weit abgerundeten Ecken; im Tempo lieber etwas freier als verhalten. Der Fluß soll gefördert werden, der Takt der Fußfolge ebenso. Das Pferd soll nicht laufen, sondern springen. Natürlich sollen Sie auch im Galopp nicht jagen, wobei es angebracht sein kann, an den langen Seiten etwas zuzulegen. Sehr günstig für die Entwicklung eines freien Arbeitsgalopps sind Galoppierbahnen, die es ja mitunter in größeren Anlagen gibt. Sie fördern die Atemtechnik und kräftigen das Pferd im Sinne einer richtigen Gymnastizierung. Das Tempo kann dabei durchaus zu einem Kanter gesteigert werden. Was dem Pferd bei diesem Teil der Arbeit beigebracht werden soll, ist der Gehorsam auf die treibenden Hilfen. Der treibende Schenkel hat deshalb stets Kontakt mit dem Pferdeleib zu haben.

Sporen

Wir haben schon davon gesprochen, daß ein ständig klopfender Schenkel ebenso abstumpft wie ein ewig bohrender Sporen. Ich möchte bei dieser Gelegenheit darauf hinweisen, daß oft die irrige Ansicht besteht, ein Sporen ohne Räder sei für das Pferd schonender. (Wir wollen hier nicht nochmals darauf eingehen, wie der Schenkel am Pferd zu liegen hat, ohne daß der Sporen unbeabsichtigt das Pferd berührt, geschweige denn bohrt.) Sporen ohne Räder können, besonders dann, wenn sie keine abgerundeten Ecken haben, zwar keine sichtbaren Verletzungen erzeugen, aber unter der Haut beträchtliche Quetschungen hervorrufen. Dabei sollte die Länge des Sporenhalses ebenfalls mit in Betracht gezogen werden. Bei kürzer geschnallten Bügeln, wie sie ja im Gelände oder beim Springen üblich sind, sind langhalsige Sporen für den Normalreiter absolut unangebracht. Bei längerer Bügelriemenschnallung, z. B. beim Dressurreiten, richtet sich die Sporenhalslänge nach der Schenkellänge, der Schenkelhaltung und der Wölbung des Pferdeleibes. Reiter, die es nie lernen werden, ihre Absätze tiefzuhalten und die Fußspitzen etwas nach innen zu drehen, werden das Pferd zwangsläufig, wenngleich auch unbeabsichtigt, mit den Sporen berühren, und das darf unter keinen Umständen der Fall sein. Otto Lörke pflegte zu sagen, daß der Reiter in der Lage sein müsse, mit seinen Sporen gerade die Spitze der Fellhaare kontrolliert zu berühren. Empfehlenswert sind Sporen mit Rädern und Zähnen. Die Zähne sollen nicht so spitz sein, um verletzen zu können, sie sollen aber ihre Funktion erfüllen, anzureizen, aufmerksam zu machen oder – falls nötig – auch einmal zu strafen. Deshalb sind etwas größere, stumpfe Zähne an sich leicht drehenden Rädern die bessere Ausrüstung. Bei laurigen Pferden werden Sie selten ohne Sporen auskommen.

Natürlich wird es Ausnahmen geben, wo die Sporen nicht anzuwenden sind, so z. B. bei Stuten, die rossig und zudem noch *kitzlig* sind. In diesem Fall hilft die Gerte. Aber auch die kann, hinter den falschen Rippen angelegt, manches Pferd kitzeln, damit unruhig machen oder zum Ausschlagen animieren. Für unsere Gruppe der laurigen Pferde empfehle ich, den kürzeren Reitstock einzusetzen, in diesem Fall an der Schulter. Es ist zu prüfen, worauf ein Pferd am besten reagiert. So kann z. B. ein Pferd eher das Klatschen des Stockes beachten, der am Ende eine Lederklappe hat, ein anderes Pferd reagiert wiederum auf einen hellen »Schlag« an der Spitze. Sie müssen das ausprobieren. Der Zweck ist, dem Pferd konsequent und absolut bestimmend beizubringen, daß »vorwärts« auch vorwärts bedeutet. Hierbei liegt die Betonung auf konsequent. Geben Sie sich nie mit Halbheiten zufrieden. Die Reaktion auf ein Nichtbefolgen eines Befehles zum Vorwärts muß spontan und unmittelbar erfolgen. Bedenken Sie, daß Ihr Pferd damit programmiert wird, und es wird binnen kurzem diesen Impuls beachten. Ihr Pferd wird damit aufmerksamer auf Sie.

Die Forderung, spontan und sofort zu reagieren, keine Halbheiten zu dulden, hat noch eine weitere Konsequenz: Es ist sehr schwer, einem Pferd etwas auszu»treiben«, was sich aufgrund ewigen Durchgehenlassens nun einmal eingebürgert hat. Die meisten Untugenden dieser Art stellen sich in kürzester Zeit wieder ein, wenn der Reiter nicht wachsam darauf achtet, daß seine Hilfen entsprechend beachtet werden. Diese Regel gilt allgemein auch für die weiteren Korrekturen von Unrittigkeiten oder Fehlern, die sich im Laufe einer fehlerhaften oder unsachgemäßen Ausbildung eingestellt haben können. Das immer wieder ausgeführte Kommando der Schenkel zum »Vorwärts« muß dem Pferd so konsequent eingespeichert werden, daß es, gleich einer Autosuggestion, einfach automatisch vorwärtsgeht. Dann ist es auch an der Zeit, die Arbeit mit dem Pferd folgerichtig fortzusetzen.

Hinter dem Zügel verkriechen

Es gibt Pferde, die laurig sind und sich dabei *verkriechen* bzw. hinter dem Zügel gehen und nicht an das Gebiß treten wollen. Die möglichen Folgen bei solchem Verhalten können sehr unangenehm sein, denn der Reiter hat ja nichts in der Hand. Er hat keine Möglichkeit, mit der Hand auf das Pferd einzuwirken, denn es besteht keine Verbindung mehr zum Pferdemaul. Ein solches Pferd geht führungslos und ist nicht dirigierbar. Aufnehmende, durchhaltende, annehmende Zügelhilfen gelangen nicht zum Gebiß.

Aber nicht nur laurige Pferde können hinter dem Zügel gehen, auch normal vorwärtsgehende Pferde können derart verritten sein. Ein Resultat zumeist von zu starker Handeinwirkung, bei der das Pferd das Vertrauen zur Hand verloren hat. Ewig riegelnde Hände, grobe Einwirkungen bis hin zu den kriminellsten »Insterburgern«, falsche Zäumung, schlecht sitzende Gebisse, die zu scharf, zu eng oder zu weit sind,

Ein vertrauensvoll an der Hand stehendes Pferd bei der Aufstellung zum Gruß in einer Prüfung der Klasse S. Der tief einsitzende Reiter senkt den rechten Arm zum Gruß, mit der linken Hand hält er Kontakt zum Pferdemaul. (Die Hinterhand könnte gleichmäßiger geschlossen stehen.) Ein Bild völliger Losgelassenheit von Pferd und Reiter. Augen und Ohren des Pferdes signalisieren Interesse am Richterhäuschen.

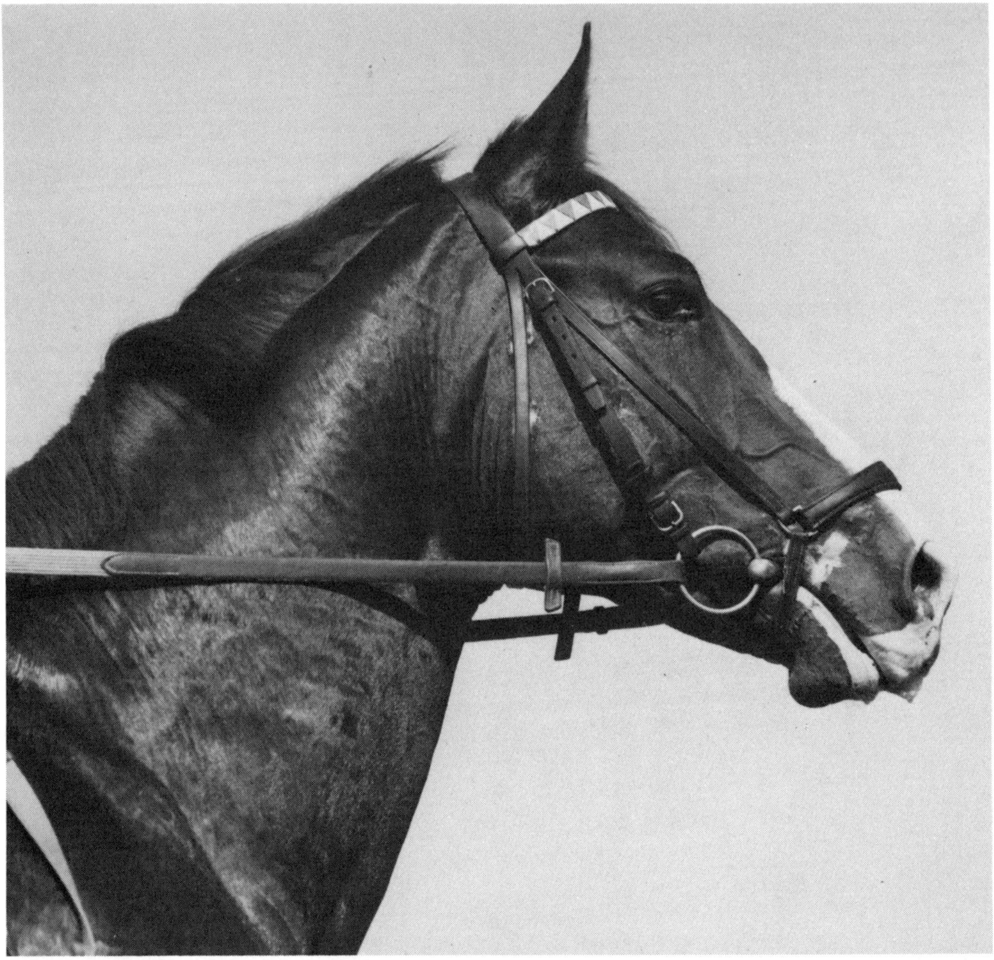

Korrekt verschnallte Trensenzäumung mit hannoverschem Reithalfter.

Das Pferd ist vorn hinter dem Zügel und hinten inaktiv.

Trensengelenke mit scharfen Kanten; es gibt viele Möglichkeiten und auch Kombinationen. Als erstes versichern Sie sich, daß die Zäumung Ihres Pferdes paßt und weder am Kopf noch am Backenstück irgendwo klemmt oder reibt und drückt. Die Schnalle am Kopfstück darf nicht an den Ohren reiben, der Stirnriemen darf nicht zu kurz sein und die Ohren einklemmen. Selbstverständlich ist es, daß man in den Kehlriemen noch eine geschlossene Faust hineinbringt, im Kinnriemen wenigstens zwei Finger Platz haben, nichts am Joch-

Die Cracks können sich in den höheren Klassen des Springsports durchaus Gebißkombinationen erlauben, die für den Unerfahrenen schon laut LPO untersagt sind.

Hackamore.

Doppeltrense.

Hackamore und durch ein Riemchen angekoppelte Trense.

Springkandare.

Pelham.

bein reibt, der Nasenriemen nicht auf die Nüstern drückt und mindestens drei bis vier Fingerbreit über dem Nüsternrand liegt sowie die Lefzen nicht von der zu hoch geschnallten Trense hochgezogen werden. An jeder Seite des Maules soll zwischen den Lefzen und den Trensenringen 1 cm Platz sein. *Olivenkopftrensen* sind weicher als die normale *Wassertrense.* An älteren, ausgeleierten Olivenkopftrensen können sich scharfe Ränder bilden, die an den Lefzen Schnittwunden hervorrufen. Lieber eine neue nehmen als zu riskieren, daß sich Ihr Pferd Verletzungen zuziehen kann und daß es das Gebiß einfach nicht ertragen mag. Selbstverständlich ist die dickere Trense immer die weichere, wenn nicht sogar die *Gummitrense* versucht werden sollte. Zu scharfe Gebisse sind oft die Ursache von Mängeln der Rittigkeit. Ohnehin besteht die Tendenz, je mehr ein Pferd auf die Hand geht oder Paraden nicht mehr durchläßt, als einzige Antwort darauf einfach das schärfere Gebiß einzuschnallen, anstatt den Fehler woanders, wenn nicht bei sich, zu suchen. So mancher Puller wäre schon

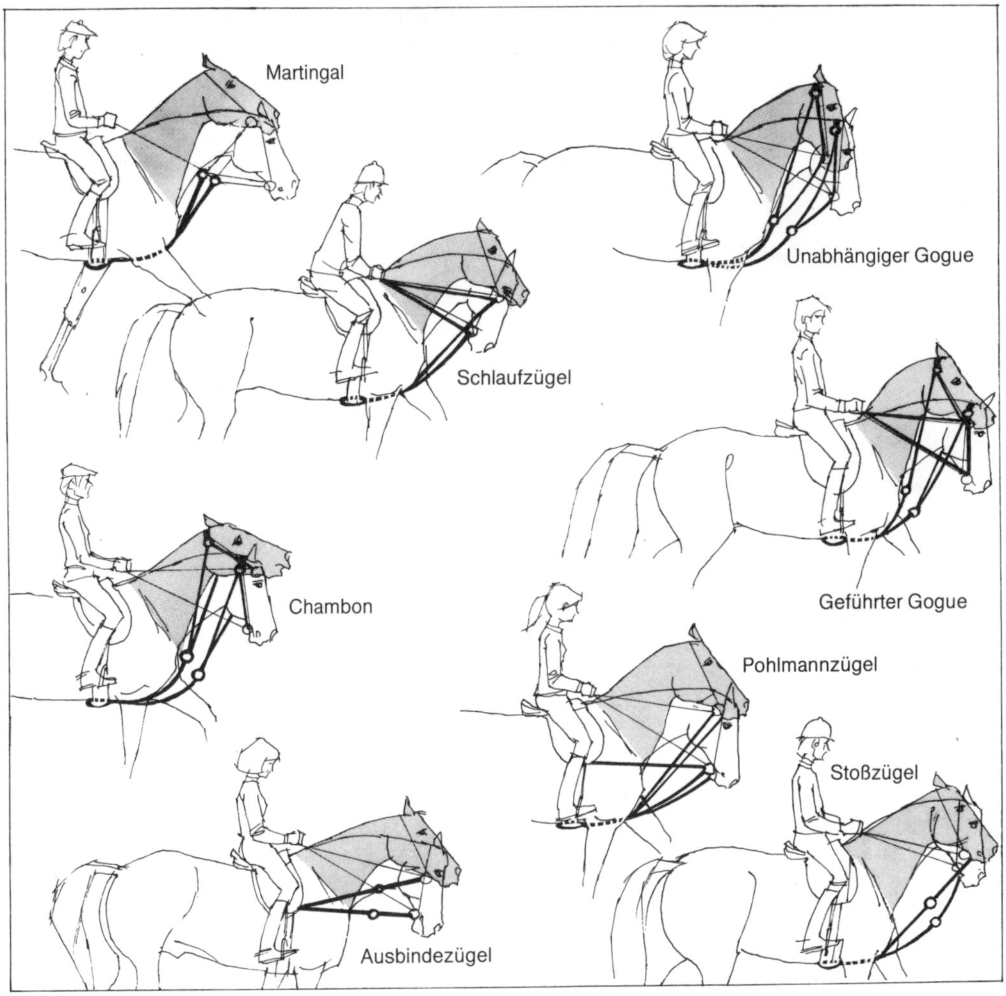

Sicher ist, daß man manchmal nicht ohne Hilfszügel auskommt. Denken Sie aber daran, daß (nach Seunig) der beste Hilfszügel immer noch ein gutes Kreuz und eine gute Hand sind. Wählen Sie deshalb mit Bedacht. Das Martingal, der wohl am meisten verwendete Hilfszügel, ist richtig verschnallt für Gelände und Springen akzeptabel, zu kurz geschnallt jedoch eine Qual für empfindliche Laden. – Der Schlaufzügel, so sagt man, sei mit einem Rasiermesser in der Hand eines Affen zu vergleichen, in der Hand eines Meisters dagegen durchaus brauchbar, wenn es nicht darum geht, ein Pferd in eine bestimmte Haltung zu zwingen. – Das Chambon und der Gogue sind Hilfszügel, die zu dem Druck auf die Lefzen einen Druck im Genick ausüben; besonders der geführte Gogue läßt, ähnlich dem Schlaufzügel, das völlige Nachgeben der Hand zu. – Der Ausbindezügel, oft und gern für Anfänger und junge Pferde verwendet, ersetzt die häufig nicht ruhige Hand, läßt aber ebenfalls nur ein bedingtes Dehnen nach unten zu. Besser dafür ist der Pohlmannzügel. – Der Stoßzügel soll das Stoßen nach oben verhindern, gibt andererseits aber dem Pferd eine beschränkte Möglichkeit, sich zu strecken. – Resümee: Je weniger Leder, um so besser!

Falscher Knick. Der Reiter sitzt nicht und zieht sich fest.

durch ein weicheres Gebiß zu korrigieren. Dazu kommt die Unsitte, generell mit *Martingal* zu reiten, wenn möglich noch falsch eingestellt, d. h. daß bei normaler Kopfhaltung des Pferdes die Linie vom Maul zur Hand nicht gradlinig verläuft, sondern unterbrochen ist. Wie kann da die Hand noch korrekt einwirken, denn durch die Unterbrechung entsteht eine Hebelwirkung, und die Gewichte der Zügelanzüge sind damit weitaus stärker, als sie die Reiterhand registriert. Die Berechtigung, ein Martingal einzuschnallen, hat nur der Reiter, der weiß, was er tut und die Zusammenhänge kennt. Wir werden auf dieses Thema noch zu sprechen kommen (s. auch Seite 86).

Unser Thema soll zunächst das Pferd sein, das sich hinter dem Zügel verkriecht. Ich sagte oben, daß sehr oft der Reiter die Schuld trägt, wenn das Pferd das Vertrauen zur Hand verloren hat. Der übelste Fall dieser Halsschwierigkeit: das Pferd mit dem *falschen Knick.* Es gehört schon eine ganze Menge Kraft in der Hand dazu, einem Pferd »das Genick zu brechen«. Dieser Knick in der Wirbelsäule ist irreparabel und gibt dem Pferd die Möglichkeit, sich jeder Handeinwirkung zu entziehen. Es kann sich »in die Brust beißen«, ohne die geringste Anlehnung zu haben.

Immer wiederkehrende Korrekturmaßnahmen

Wir müssen bei der Korrekturarbeit unserem Pferd das Vertrauen zur Reiterhand wiedergeben. Nachdem die Zäumung in Ordnung gebracht worden ist, wollen wir auch jede grobe Handeinwirkung vermeiden. Longieren mit sehr lang geschnallten Ausbindezügeln oder lang eingeschnalltem Chambon, bis sich das Pferd nach unten dehnt (auch über eine Reihe von Stangen oder Cavaletti in niedrigster Stellung), kann die erste Korrekturstation sein. Es wird eine Weile dauern, aber irgendwann wird sich Ihr Pferd strecken und die Nase nach vorwärts-abwärts strecken, im Trab wie im Galopp und natürlich auch in den Schrittpausen. Vergessen Sie nicht, daß diese Phase ihre Zeit braucht, denn Sie fangen praktisch von vorne an. Wie bei der jungen Remonte die Phase des Vertrauens zum Reiter der Beginn ist, so soll Ihr Pferd wieder Vertrauen zur Hand bekommen. Da Sie ja nicht von sich aus den Kontakt zum Maul aufnehmen können – Sie würden damit den Hals immer kürzer machen, wenn das Pferd nicht von selbst an das Gebiß herantreten will –, müssen Sie notwendigerweise Ihr Pferd zum Strecken des Halses bringen. Also longieren Sie Ihr Pferd und lassen Sie es selbst den Kontakt, die Anlehnung an das Gebiß finden. Es kann nötig sein, die Tempi etwas zu verstärken, zumal diese Art von Pferden eher dazu neigt, sich zu verhalten. Lassen Sie also Ihr Roß munter vorwärtstreten, im Takt versteht sich, ohne Eile, aber fleißig und geregelt. Ermuntern Sie Ihr Pferd mit Stimme und Peitsche, und loben Sie es, wenn Ihre Arbeit Erfolg zeigt. Und wenn Sie nach einigen Tagen aufsitzen, dann bleiben Sie zunächst dabei, Ihr Pferd lang ausgebunden auf dem Zirkel, über die Cavaletti – mit auf dem Widerrist aufgesetzten Händen, im leichten Sitz, bei treibenden Schenkeln – munter vorwärtszureiten, ohne daß Sie den Kontakt zum

Pferdemaul durch irgendeine Idee von »Zügel annehmen« herzustellen versuchen. Vielmehr sollten Sie sich bemühen, Ihr Pferd zum Strecken zu bringen, zum »Herandehnen« an Ihre Hand. Ich sagte es schon: das braucht seine Zeit. Und reiten Sie vorwärts, mehr vorwärts, als es Ihnen Ihr Pferd anbietet, und immer etwas freier, als Ihr Pferd eigentlich mag. Wechseln Sie auch die Gangarten; das bedeutet, daß Sie z. B. nicht ewig auf dem Zirkel im Trab herumnudeln sollen, sondern gefühlsmäßig auch einen munteren Galopp auf der Geraden dazwischenschalten. Denken Sie dabei daran, was wir von dem richtigen Augenblick der treibenden Hilfen gesagt haben. Ihre Hände bleiben ruhig am Widerrist stehen, gleichsam als Fortsetzung der Ausbindezügel, die Sie in dieser Phase wieder ausgeschnallt haben.

Ebensowenig wie Sie nicht ewig in der gleichen Gangart Ihr Pferd einlullen sollen, sollten Sie auch nicht ewig an der Bande entlang »ganze Bahn« reiten. Wechseln Sie mit Zirkel und geraden Linien, Schlangenlinien und Wechseln durch die ganze Bahn etc. Alles im leichten, aber aktiven Sitz. Besondere Aufmerksamkeit sollten Sie auf das Wechseln von gebogenen Linien zur Geraden oder von einer Stellung zur anderen legen, z. B. wenn Sie aus dem Zirkel auf die andere Hand wechseln. Richten Sie Ihr Pferd stets erst einmal wenigstens eine Pferdelänge geradeaus, ehe Sie die andere Stellung einnehmen, indem Sie mit der inneren Hand nachgeben, um das Pferd geradezustellen. Erst dann richten Sie Ihr Pferd durch Annehmen der neuen inneren Hand auf die neue gebogene Linie ein. Vermeiden Sie eine plötzliche und somit harte Umstellung, die stets eine Störung der gewonnenen Anlehnung sein wird. Wenn sich bei dieser Arbeit Ihr Pferd an Ihre Hand streckt, dann nehmen Sie das dankbar hin, mit viel Lob durch Stimme und Hand, indem Sie mit einer Hand – der inneren – über die Mähne streichen und danach wieder leicht Kontakt mit dem Pferdemaul aufnehmen. Mit jeglicher Handeinwirkung müssen Sie sehr behutsam vorgehen. Entsprechend sehen auch die Übergänge und Paraden aus: auslaufend. Da wird eben der Übergang vom Galopp über ein paar Trabtritte ausgeführt, und die ganze Parade aus dem Trab oder Galopp ist auslaufend über ein paar Schrittphasen.

Bei fortschreitender Ausbildung Ihres Pferdes, auch im Aussitzen und der weiteren Aktivierung der Hinterhand, werden Sie Ihr Pferd allmählich wieder »vor den Schenkel« gebracht haben. Bemühen Sie sich dabei, Übermüdungen zu vermeiden, indem Sie kurze Reprisen mit Unterbrechung durch erholende Pausen reiten, denn Übermüdung wird Desinteresse zur Folge haben; Sie sollen aber Ihr Pferd bei Laune halten. Es muß durch den Gehorsam dazu erzogen werden, seine Arbeit mit Freude auszuführen, die aber gemindert ist, wenn Ihr Pferd überfordert ist. Eine weitere Möglichkeit der Pferde, sich den Schenkelhilfen zu entziehen, besteht darin, daß sie zwar vorwärtsgehen, sich aber nicht biegen lassen. Damit hat das Pferd ein weites Feld, sich dem Willen seines Reiters zu entziehen. Wir werden dieses Thema an anderer Stelle untersuchen (s. die beiden Abschnitte »Das schiefe Pferd«, Seite 65, und »Das widersetzliche Pferd«, Seite 95).

Traben über verschieden hohe Cavaletti fördert die Losgelassenheit im Rücken.

Das eilende Pferd

Einige Worte vorab über das eilende Pferd, das dem Reiter sozusagen ständig unter dem Hintern wegläuft. Wir sollten unsere Arbeit mit diesen Pferden ebenfalls im Stall beginnen, indem wir sorgsam die Zäumung und den Sattel untersuchen. Oft flüchtet das eilende Pferd vor etwas, das es beunruhigt, z. B. ein schlecht sitzender Sattel oder irgend etwas, das drückt und damit Unbehagen, wenn nicht Schmerz bereitet. Ist dies nicht der Fall, so kann diese Unart im Temperament begründet sein. Aber auch Erziehungsfehler können die Ursache sein oder ganz einfach Ungehorsam oder Angst vor dem, was kommt.

Wenn Sie also aufsitzen, dann achten Sie darauf, daß Ihr Pferd ruhig steht: beim Aufsitzen, beim Zurechtsetzen im Sattel, beim Ordnen Ihrer Kleider, beim Zügel-in-die-Hand-Nehmen bis zu dem Augenblick, in dem Sie anreiten wollen. Denken Sie immer daran, so korrekt wie nur irgendmöglich aufzusitzen. Das bedeutet: Sie stehen zunächst parallel zum Pferd, nehmen mit der linken Hand die Zügel auf (dabei können Sie den rechten Zügel etwas mehr anstehen lassen und geben damit dem Pferd eine leichte Rechtsstellung) sowie eine Strähne der Mähne dazu – dabei loben Sie und sprechen mit ruhiger Stimme –, machen eine Rechtswendung, strecken Ihren linken Fuß in den Bügel, dann eine Linkswendung; jetzt stehen Sie ganz nah am Pferd und achten dabei darauf, daß weder Ihr linkes Knie noch Ihre linke Fußspitze das Pferd berührt, denn gerade bei dieser unbeabsichtigten Berührung reagieren Pferde oft nervös. Bis dahin darf Ihr Pferd keinen Schritt vorwärts, rückwärts oder seitwärts gemacht haben, und wenn es einen getan haben sollte, dann fangen Sie von vorne an. Es ist wichtig, auch nicht die geringste Bewegung zuzulassen.

Wenn Sie allein nicht weiterkommen, lassen Sie sich helfen. Ihr Helfer, der am Kopf des Pferdes steht, soll dafür sorgen, daß Ihr Pferd begreifen lernt, ruhig stehenzubleiben. Wenn Sie sich vom Boden abgestoßen haben, um aufzusitzen, und dazu am besten mit der rechten Hand über die Sattelmitte auf die andere Seite des Sattels greifen (nicht an den Sattelkranz, denn dann ziehen Sie den Sattel allmählich, aber sicher, schief), stützen Sie sich am Vorderzwiesel mit der rechten Hand auf, führen das rechte Bein über den Sattel und lassen sich sanft in den Sattel gleiten. Auch dieses Aufschwingen wiederholen Sie so lange, bis Ihr Pferd dabei stillsteht. Ihr Helfer kann, während er mit der rechten Hand das Pferd am Backenstück festhält, mit der linken den rechten Bügel nach unten drücken, um Ihr Gewicht beim Aufsitzen auszugleichen. Er kann auch durchaus mit der Rechten energisch zupacken, wenn das Pferd nicht stillstehen will. Und reicht die beruhigende Stimme nicht aus, dann ist hier schon einmal ein kräftiges »Pfui« oder »Nein« angebracht. Für den Fall, daß das Pferd nicht völlig ruhig stehengeblieben ist, sollten Sie dieses Aufsitzen wirklich so lange üben, bis es tatsächlich klappt. Sparen Sie dann aber auch nicht mit Lob und einem Stückchen Brot oder Zucker. Sie haben damit, daß Ihr Pferd gehorsam stehenbleibt, bis Sie anreiten wollen, einen ganz wesentlichen Punkt gewonnen. Aber auch später müssen Sie sofort und unmittelbar reagieren, falls Ihr Pferd Anstalten macht, beim Aufsitzen nicht völlig ruhig stehenzubleiben, z. B. wenn es durch irgend etwas abgelenkt und unruhig wird. Es ist im übrigen wohl selbstverständlicher Reitertakt, daß innerhalb einer Reitergruppe niemand anreitet, bevor nicht alle aufgesessen sind. Erst wenn Sie alles in Ordnung gebracht haben, reiten Sie an.

Es ist ebenfalls selbstverständlich, daß Sie dann zuerst einmal im *Schritt* bei langen oder hingegebenen Zügeln anreiten, ohne irgendwie knebeln oder riegeln zu wollen, andernfalls brauchen Sie sich nicht zu wundern, wenn Ihr Pferd diese Prozedur

bereits mit Nervosität erwartet und davonlaufen will.
Nun gibt es aber tatsächlich Pferde, die dazu neigen, sofort loszueilen. Überlegen Sie sich, ob Sie dieses Pferd nicht vorher ablongieren sollten, um zunächst einmal seinen ersten Bewegungsdrang abzureagieren. Sollte das Pferd trotzdem loseilen, belasten Sie es nicht zu sehr im Rücken im Vollsitz, sitzen Sie etwas vorgeneigt, im Remonte-Sitz (natürlich ohne »vorne draufzuhängen«), beruhigen Sie mit einem Streichen über die Mähne und reiten Sie keine geraden Linien. Wenden Sie immer wieder ab auf den Zirkel, ohne das Pferd dabei an die Hilfen stellen zu wollen. Wenn das nicht hilft, so gehen Sie auf einen kleineren Zirkel bis zur Volte; wenn auch das erfolglos bleibt, dann drehen Sie Ihr Pferd mehrere Male hintereinander um die Vorhand und zwar nach beiden Seiten; zwischendurch gehen Sie wieder geradeaus, um zu prüfen, ob Ihre Maßnahmen Erfolg hatten. Sagen Sie ihm deutlich »Nein« und geben Sie auch einmal einen deutlichen, kurzen Arrêt mit dem inneren Zügel sowie gleichzeitig mit dem Sporen des inneren Schenkels. Halten Sie, sitzen Sie ab und fangen Sie alles wieder von vorne an, oder führen Sie zwischendurch Ihr Pferd ein paar Runden. Es soll begreifen lernen, daß eigentlich gar nichts Ungewöhnliches geschieht, somit kein Grund zur Aufregung besteht und Ruhe belohnt wird. Prüfen Sie, ob das Eilen im Schritt eine Ursache in Ihrem Sitz hat und so auch mit Ihrer Einwirkung im Zusammenhang stehen könnte. Prüfen Sie des weiteren, ob Ihr Unterschenkel nicht klemmend anliegt. In diesem Fall kann es besser sein, Ihr Pferd mehr mit dem Oberschenkel und leichtem Knieschluß zu reiten und dabei den Unterschenkel nicht am Pferdeleib anzulegen. Später werden Sie den Vollsitz mit leicht angelegter Wade einnehmen können, ohne daß Ihr Pferd mit Eile reagiert. Benutzen Sie immer wieder Ihre Stimme zur Beruhigung.

Remonte-Sitz. Leichte Rückenentlastung, aufgesetzte Hände.

Nach dieser Phase, in der Ihr Pferd gelernt hat, ruhig aufsitzen zu lassen und im Schritt vorwärtszugehen, ohne dabei zu eilen, werden Sie wahrscheinlich weitaus weniger Schwierigkeiten im *Trab* haben. Wenn Ihr Pferd trotzdem beim Aufnehmen der Zügel zum Antraben unruhig oder eilig werden sollte, dann traben Sie eben nicht an, sondern geben im Schritt die Zügel wieder hin und wiederholen dies, bis es sich davon überzeugt hat, daß gar nichts Aufregendes passiert. Wirken Sie mit der Stimme beruhigend auf das Pferd ein oder sagen Sie ein bestimmtes, betontes »Nein«. Traben Sie im leichten Sitz – anfangs im Leichttraben, erst später im Aussitzen im Remonte-Sitz – und, um den Rücken zu entlasten, mit gutem Oberschenkel- und Knieschluß bei ruhigen, aufgesetzten Händen, reden Sie mit dem Pferd und bleiben Sie im Tempo immer etwas unter dem, welches das Pferd Ihnen anbietet. Beim Aussitzen im Remonte-Sitz kann es von Erfolg sein, den Takt dadurch zu verzögern, daß Sie um den Bruchteil einer Sekunde später einsitzen, als die betreffende Hinterhand auffußt, um damit das Abfußen abzufangen. In diesem Zusammenhang ist zu bemerken, daß es Pferde gibt, die sich auf diese Art des Aussitzens ebenfalls eher lösen lassen als durch orthodoxes Leichttraben. Reiten Sie viele Wendungen und Zirkel (durch den Zirkel wechseln, Schlangenlinien etc.) und achten Sie darauf, besonders mit der inneren Hand sofort nachzugeben, wenn sich das Pferd strecken will, dann haben Sie gewonnen.

Erst wenn völlige Ruhe im Trab eingetreten ist, beginnen Sie mit dem *Galopp.* Ebenfalls zunächst im leichten Sitz und ebenfalls viel auf gebogenen Linien; auf die Gerade begeben Sie sich nur, wenn Sie sicher sind, daß das Pferd nicht zu sehr nach vorwärtsdrängt. Machen Sie besonders im Galopp kurze Reprisen. Manche Pferde laden sich gern im Galopp auf; besonders mit nervigem Temperament versehene Pferde neigen dazu, im Galopp heftig zu werden. Es ist gut, es gar nicht so weit kommen zu lassen, indem man kurze Reprisen reitet und immer wieder zum Schritt an langen oder hingegebenen Zügeln durchpariert. Der Galopp sollte bei ruhigen, aufgesetzten Händen, gemeinsam mit passiven Hilfen – geschlossene Knie mit leicht angelegten Oberschenkeln, dabei kein klemmender Unterschenkel –, auch dadurch immer ruhiger werden, indem Sie versuchen, mit Ihrer Sitzeinwirkung gewissermaßen einen kleinen Augenblick später dem Bewegungsablauf zu folgen, so daß Sie allmählich zum Treiben kommen können. Denn erst, wenn Sie nicht mehr auf einem unter Ihnen galoppierenden Pferd einfach nur sitzen und getragen werden, wenn Sie jeden Galoppsprung herausreiten können, erst dann beginnen die treibenden Hilfen, den Galopp zu bestimmen. Dieses um einen Bruchteil einer Sekunde spätere Einsitzen kann – zusammen mit einem ebenso kurzen Durchhalten der ruhigen Hände – regulierend auf den Takt des Galoppsprunges wirken, so daß die Folge der Sprünge immer weniger eilig wird. Auch im Galopp haben Sie gewonnen, wenn das Pferd mit tiefer Nase dahingaloppiert, beruhigt durch Ihre überstreichende Hand.

Bohren

Mitunter fangen eilende Pferde an zu bohren und vermehrt auf die Vorhand zu gehen, ohne daß sie dabei im Tempo schneller werden. Das kann u. a. auch Ausdruck von Müdigkeit (Hinterhand) sein, aber Sie sollten ja zumindest anfangs keine allzu langen Reprisen reiten. Wenn das Pferd aber weiter bohrt, dann ziehen Sie um Gottes willen nicht mit beiden Händen, indem Sie versuchen, den Kopf des Pferdes nach oben zu reißen. Dies wird Ihnen ohnehin nicht möglich sein, da das Pferd mehr Kraft als Sie besitzt, und zum Schluß werden Sie sich rettungslos festgezogen haben. Sollte Ihr Pferd dabei nicht mehr eilen, dann versuchen Sie, nachdem Sie auf den Zirkel abgewendet haben, durch einen kurzen, aber energischen äußeren Arrêt das Pferd zurechtzuweisen, daß es das nicht tun darf, und geben Sie ihm gleichzeitig mit dem inneren Schenkel einen kurzen und energischen Sporenstich. Jedesmal, wenn das Pferd es aufs neue versucht, müssen Sie bereits einen Augenblick vorher die kurze, energische Mahnung erteilen, daß das nicht sein darf. Bohrt das Pferd, indem es dabei eilt, dann sind Sie mit Ihrer Korrektur zu schnell vorgegangen und müssen dort

Bohrendes Pferd. Die Reiterin sitzt mit schlechter Schenkellage ohne Einwirkung hinter der Bewegung.

anfangen, wo Sie das Eilen noch nicht beseitigt hatten. Gehen Sie zum Trab zurück und versuchen Sie anschließend, die Galoppreprisen so kurz wie möglich zu halten. Gegebenenfalls ist aber das Pferd an die Longe zu nehmen, damit es sich ohne Reiter an der Longe im ruhigen Takt selbst findet.

In dieser Phase sollten Sie auch schnellere Galopps in Gesellschaft im Gelände vermeiden; ein ruhiger, gelassener *Kanter* dagegen ist genau das richtige. Auch mit dem Springen sollten Sie abwarten, bis Sie mit Ihrem Pferd soweit gefestigt sind, daß Sie jede Unregelmäßigkeit sofort in den Griff bekommen. Auf das pullende oder gar durchgehende Pferd werden wir später gesondert eingehen; hier sollte lediglich von dem eilenden Pferd die Rede sein, bei dem es um das Problem ging, Takt und Tempo in den Griff zu bekommen. In einem gesonderten Abschnitt kommen wir auf die Pferde zu sprechen, die man als hochgradig undurchlässig bezeichnet.

Das schiefe Pferd

Bei dem schiefen Pferd unterscheiden wir zwischen der »natürlichen« und der »angerittenen« Schiefe. Beides muß korrigiert werden.

Die natürliche Schiefe

Die Herkunft der »natürlichen« Schiefe ist, im Gegensatz zur angerittenen Schiefe, nicht genau bekannt. Mit großer Wahrscheinlichkeit hat sie ihren Ursprung in der Embryolage im Mutterleib, und wohl auch schon deshalb ist fast jedes Fohlen – im übrigen auch fast jedes andere Lebewesen – in seinen beiden korrespondierenden Hälften nicht ganz gerade, mit anderen Worten: mehr oder weniger schief. Wir unterscheiden wie bei Menschen *Rechts- und Linkshänder.* Das äußert sich bei den Pferden u. a. in einer steifen und einer hohlen

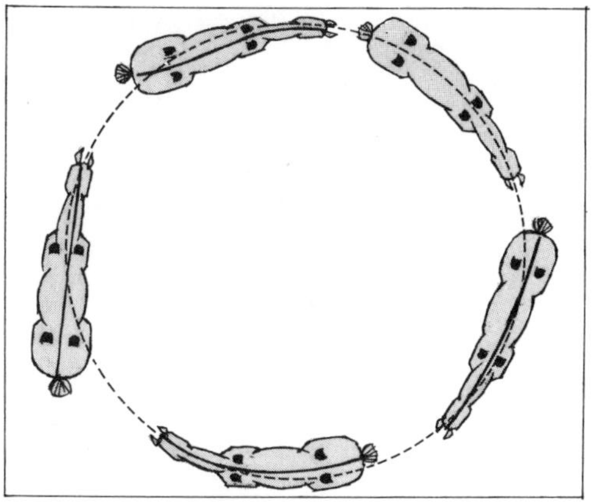

Außer dem Pferd oben rechts auf dem Zirkel sind alle anderen schief. Das Pferd oben links ist falsch gebogen (Schlangenlinie).

Seite. In der steifen Seite stellt und biegt sich das Pferd ungern, gibt weniger nach und legt sich vermehrt auf den Zügel; in der hohlen Seite nimmt es zwar die Stellung und die Biegung eher an, tritt dagegen aber ungern an den Zügel, der mithin durchhängen oder springen kann und somit ungleiche oder gar keine Anlehnung bietet und damit keinen Kontakt zum Pferdemaul hat.

Etwa 80% der Pferde sind Rechtshänder, weshalb sich die meisten Regeln auf diese Pferde beziehen. Von Natur aus gehen sie – von hinten betrachtet – je nach Stärke der Schiefe mit seitwärts rechts mehr oder weniger herausgestelltem Hinterhuf. Symptomatisch ist, daß sie zumeist in der linken Maulspalte mehr Schaum zeigen als in der rechten; er entsteht durch die vermehrte Anlehnung links, die wiederum als Folge des Gegendrucks auf die linke Schulter samt der Spannung der seitlichen Halsmuskeln zu erklären ist. Diese Pferde gehen gegen den linken Zügel, auf dem sie fest werden, und gegen den rechten Schenkel, indem sie den rechten Hinterfuß seitlich herausstellen. A. Stecken schreibt: *»Ohne einwandfreie Geraderichtung gibt es keine gesicherte Regelmäßigkeit des Ganges, keine richtige Anlehnung, keine*

uneingeschränkte Durchlässigkeit . . . sowie keine Entfaltung von Trag- und Federkraft der Hinterbeine.«
Aus der Schiefe entspringen Widersetzlichkeiten, denn die Pferde lernen, durch entstandene krause, einseitig versteifte Hälse – damit ungleicher Anlehnung – sich den Hilfen zu entziehen. Gleichzeitig können sie diese Schiefe als Ansatzpunkt für verschiedene Ungehorsamkeiten benutzen. Reine Gänge sind von einem schiefen Pferd nicht zu erwarten. Schiefe Pferde gehen naturgemäß nicht nur auf geraden Linien schief, sondern ebenso auf gebogenen Linien. Sehr eindrucksvoll ist dies zu sehen, wenn man auf einem frisch geeggten Platz oder einer frisch geebneten Bahn reitet. Zu Ihrer eigenen Kontrolle sollten Sie diese Möglichkeit ergreifen, denn Sie werden feststellen, daß es gar nicht so einfach ist, ohne Bandenanlehnung gerade Linien zu reiten, wenn Sie z. B. durch die ganze oder Länge der Bahn wechseln wollen. Beim zweiten Passieren Ihres vorgelegten Hufschlages werden Sie genau sehen – außer den ungewollten Bogen –, welcher Hinterfuß nicht spurt. Dies wird deutlicher sichtbar auf dem Zirkel und mit größter Wahrscheinlichkeit auch in der Volte. Würden Sie diese Figuren auf beiden Händen bei ganz korrekter Stellung und Biegung des Pferdes und bei absolut dem gleichen Takt reiten, müßten sich, z. B. nach einer Doppelvolte, die Hufabdrücke Ihres Pferdes genau decken.
Wir haben im Gelände – oder in der Halle; dort sind die Spiegel in den Ecken der kurzen Seite eine gute Kontrollmöglichkeit – zunächst einmal festgestellt: Unser Pferd geht schief; und diese Schiefe gilt es zu beseitigen. Rechtshändige Pferde bieten eher den Linksgalopp an, und beim Leichttraben eher den linken Hinterfuß. Wenn Sie Ihr Pferd in der Halle frei laufen lassen, werden Sie bemerken, daß auch der Linksgalopp Ihres rechtshändigen Pferdes raumgreifender ist, und daß es – besonders wenn Sie ein jüngeres und noch nicht so wohlerzogenes Pferd haben – beim Longieren lieber auf der linken Hand geht. Dagegen versucht es, auf der rechten Hand schon einmal kehrtzumachen, um auf der linken zu gehen. Auch beim Longieren selbst sollten Sie darauf achten, ob die Tritte der Hinterhand genau der Spur der Vorhand folgen oder nicht. Sie werden auch bemerken, daß das Pferd beim Verweigern, d. h. Ausbrechen vor einem Hindernis, meist nach links ausweichen wird. Pferde, die zu früh oder unsachgemäß versammelt werden, lernen es schnell, sich dieser unliebsamen Arbeit zu entziehen, und weigern sich, mit dem entsprechend ihrer Schiefe korrespondierenden Hinterbein vermehrt unter die Last zu treten. Das hat eine sehr langwierige Korrektur zur Folge. Allein schon das ewige, an der langen Seite so häufig geübte, gedankenlose Dahintraben ist ein Quell der Schiefe des Pferdes, denn bedenken Sie, daß jedes Pferd in der Schulter schmaler ist als in den Hüften. Da aber ein nicht geradegerichtetes Pferd immer versuchen wird, mit der Außenseite seines Körpers an der Bande parallel entlangzugehen, ist notwendigerweise die schmalere Vorhand nicht genau auf die breitere Hinterhand eingerichtet. Um dies zu vermeiden, sollten Sie ständig bemüht sein, die Schultern des Pferdes etwas von der Bande wegzubringen. Dies darf jedoch nicht dadurch geschehen, daß Sie mit der inneren Hand ziehen, sondern indem Sie mit dem inneren Schenkel versuchen, das Pferd zum Untertreten zu bringen. Versuchen Sie, an den äußeren Zügel zu reiten, mit einer ganz leichten Innenstellung des Pferdes. Wenn es Ihnen zur Selbstverständlichkeit wird, daran zu denken, die Vorhand ständig leicht in die Bahn zu richten, werden Sie von selbst mit dem inneren Schenkel das Pferd an die äußere Hand reiten lernen und dabei etwas mehr auf dem inneren Gesäßknochen sitzen.
Es ist im übrigen falsch zu glauben, daß ein

geradegerichtetes Pferd auch ständig geradegerichtet sein muß. Pferde verstehen es immer wieder, unaufmerksame Reiter zu überlisten. Sie haben viele Möglichkeiten, sich dem Geraderichten zu entziehen, ganz gleichgültig, wie hoch der Grad der Ausbildung ist. Dieses Problem zieht sich durch alle Klassen und alle Lektionen. Gustav Steinbrecht schreibt: *». . . bei jeder Lektion wird die Schiefe, auch wenn sie bereits überwunden schien, erneut Schwierigkeiten bereiten. Sie begleitet uns bis zuletzt, wird auch bei einem vollendet gerittenen Schulpferd in mehr oder minder starkem Grade wieder zum Vorschein kommen und muß durch Biegearbeit auf einem und auf zwei Hufschlägen immer wieder beseitigt werden.«* Auch das bestgerittene Pferd wird nicht völlig gerade sein. Es wäre deshalb Haarspalterei, geringfügige Abweichungen einem Pferd oder Reiter anzukreiden, vor allem dann, wenn sie sich nicht durchgehend und wiederholt bei allen Lektionen zeigen und wenn sie vom Pferd nicht dazu benutzt werden, sich dem Untertreten zu entziehen.

Die angerittene Schiefe

Die angerittene Schiefe ist die Folge unsachgemäßer oder bei jungen Pferden zu früher Versammlung. Wenn die gewünschte Versammlung nicht von hinten kommt, wenn damit die Handeinwirkungen stärker sind als die treibenden Hilfen, wenn die Paraden im Maul, im Genick oder in der Hinterhand steckenbleiben, wenn das Pferd somit nicht durchlässig genug ist, immer dann besteht die Wahrscheinlichkeit, daß das Pferd – falls es keine anderen Ausweichmöglichkeiten gefunden haben sollte – schief wird, d. h. mit der Hinterhand ausweicht. Es wird immer wieder auf zwei Hufschlägen angaloppieren, in dieser Form weitergaloppieren, die Hinterhand wird immer weniger aktiv unterspringen, und es wird viel Mühe kosten, dieses Pferd wieder gerade zu bekommen.

Bei Trabverstärkungen gehen manche Pferde hinten breit. Dies ist anatomisch bedingt (s. auch Seite 82).

Handarbeit zur Korrektur

Und nun zu unserer Korrektur. Wir haben inzwischen festgestellt, wo bei unserem Pferd die *hohle Seite* und wo die *steife Seite* ist. Es hat wenig Sinn, bei einem Pferd, das sich z. B. auf den linken Zügel legt, diesen durch Nachgeben weicher machen zu wollen. Die Schiefe darf nicht von vorne überwunden werden, sondern das Pferd muß natürlich auch über die Hinterhand korrigiert werden. Trotzdem muß ich auf die Handarbeit eingehen. Sie ist ziemlich in Vergessenheit geraten und wurde zum Teil verteufelt und deklassiert. Mit Sicherheit ist besonders mit der »Handarbeit im Stall« viel Unfug getrieben worden, indem man die Pferde im Stall ausgebunden stehen ließ und damit ein im Genick weiches Pferd zu erzeugen glaubte. Wir wollen auch nicht – es würde den Rahmen dieses Buches samt seinem Thema sprengen – auf die Reitmethode Alwin Schockemöhles eingehen, dessen Erfolge so viele, weniger prominente und vor allem schwache Reiter dazu animierten, ihm durch das Übernehmen des äußeren Bildes nachzueifern, ohne daß sie das reiterliche Können nachvollziehen konnten, was ja den wesentlichen Kern seines Reitens ausmacht. Wir kommen in dem Abschnitt über das undurchlässige Pferd

(Seite 77 ff.) noch auf dieses Thema zurück. Indessen ist für uns wesentlich, daß die Reitmeister vergangener Jahrhunderte großen Wert auf die Lockerung des Pferdes im Genick legten. Tatsache ist, daß viele Widerstände aus dem festgehaltenen Genick resultieren; damit können der festgehaltene Rücken und mangelnder Hankenbug zusammenhängen. Viele Pferde geben ihr Leben lang im Genick nicht nach, laufen gegen den Zügel und lassen die Paraden nicht durch; sie bleiben im Genick stecken. Diese Pferde sind damit schlicht und einfach als ungehorsam zu bezeichnen.
Mit der Gymnastizierung des Genicks werden die Pferde aber zum Gehorsam erzogen, und damit ist die Basis für die weitere Arbeit mit dem Pferd gegeben. Die Forderung der früheren Meister für eine »Handarbeit im Stalle« trifft für unsere Arbeit nicht zu; dennoch sollten wir uns mit dem Sinn der Handarbeit generell beschäftigen. Unsere Pferde werden im Gegensatz zu den Pferden jener Zeiten nicht in einer absoluten Aufrichtung mit extremer Beizäumung geritten. Trotzdem sind eben jene Widerstände im Genick auch heute nicht zu übersehen und schon gar nicht mit eisernem Widerstand durch die Hand zu regulieren. Eine sehr wichtige Rolle spielt dabei die Form der Ganaschen und damit die Lage der Ohrspeicheldrüse. Bei einem beigezäumten Pferd zeigen sich beiderseits des oberen Ganaschenrandes mehr oder weniger starke Wülste. Bei Stellungen nach links oder rechts werden sie noch stärker sichtbar und können durch Massieren mit der Hand tatsächlich etwas unter den Ganaschenrand plaziert werden. Unser Anliegen ist es also nicht, am Hals oder Genick des Pferdes herumzubiegen, wohlwissend, was wir damit anrichten können. Ich bin lediglich der Meinung, daß das Vorgehen jener alten Meister so unsinnig nicht war, soweit es sich um die Lockerung des Genicks handelte und damit Gehorsam und Dirigierbarkeit des Pferdes gewinnbringend beeinflußte. Richtig kann es sein, im Halten – von unten oder auch vom Sattel aus – das Pferd an der Hand zum Abstellen zu bringen; dies sollte nach beiden Seiten hin geschehen, um es im Genick und im Maul zum Nachgeben zu veranlassen. Stellen Sie sich dazu vor das aufgetrenste Pferd: Die Zügel haben Sie heruntergenommen, die linke Hand faßt den rechten Trensenzügel ein paar Fingerbreit unter dem Trensenring, die rechte Hand den linken Trensenzügel ebenso; das Zügelende haben Sie über den linken Zügel gelegt, eine Handbreit vom Zügelende steht dabei darüber. Zunächst üben Sie mit beiden Händen einen gleichmäßigen Druck auf die Laden des Maules aus, bis das Pferd im Maul und im Genick nachgibt. Dieses Nachgeben quittieren Sie sofort damit, daß Sie ganz weich in der Hand werden. Sie können, mit beiden Händen vibrierend, spielerisch die Trense bewegen; nicht sägen! Tritt das Pferd bei dem Druck auf die Laden zurück, dann führen Sie es einen Schritt vor, indem Sie selbst einen Schritt rückwärts machen. Achten Sie dabei darauf, daß das Pferd geschlossen dasteht; dann beginnen Sie von neuem.
Wenn Sie weiterhin Schwierigkeiten haben, stellen Sie das Pferd in die Bahnecke. Es darf nicht zurücktreten. Gibt Ihr Pferd auf beidseitigen Druck nicht nach, probieren Sie es einseitig mehr als beidseitig. Seien Sie sicher: Es wird nachgeben; vergessen Sie dabei das Loben und Abklopfen nicht.
Als nächstes, wenn Sie Ihr Pferd zum Nachgeben und Abkauen gebracht haben, stellen Sie es durch leichten, vermehrten Druck, z. B. mit der rechten Hand, so weit nach links, bis der Mähnenkamm umkippt. Das bedeutet, daß das Pferd die richtige Stellung erreicht hat. Die linke Hand hat bei diesem Vorgang selbstverständlich um das gleiche Maß nachgegeben, wie die rechte Druck ausgeübt hat. Nun stellen Sie das Pferd im Genick wieder gerade und üben das gleiche mit der anderen Hand.

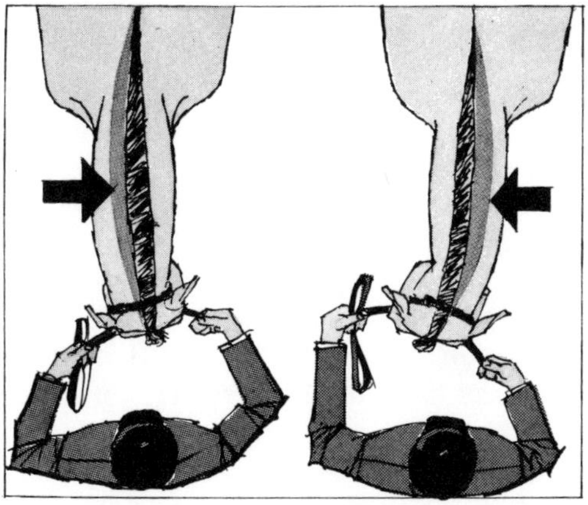

Achten Sie darauf, daß sich Ihr Pferd nicht im Genick verwirft. Die Ohren bleiben auf gleicher Höhe.

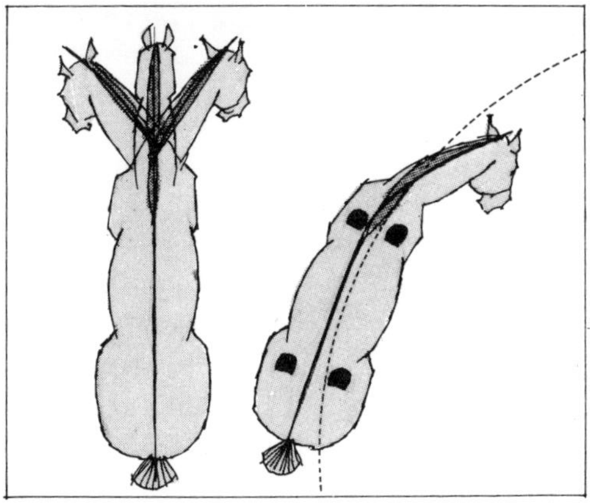

Pferde, die im Widerrist locker sind, lassen sich nicht biegen, sie brechen im Widerrist ab.

Im Laufe kurzer Zeit werden Sie Ihrem Pferd nach öfteren Wechseln die gewünschte Stellung geben können. Dasselbe versuchen Sie dann von oben, indem Sie im Sattel sitzen. Sie spannen das Kreuz an, die Schenkel sind dort, wo sie hingehören, an der aushaltenden Hand bringen Sie Ihr Pferd zum Abkauen. Allein durch ein Anziehen des Kreuzes und u. U. durch leicht vibrierende Schenkel bei aushaltender, passiver Zügelhand bringen Sie Ihr Pferd zum Nachgeben in Maul und Genick. Riegeln Sie nicht! Schauen Sie sich die Bilder von Reitern an, die, ständig riegelnd, die Köpfe ihrer Pferde heruntergewürgt haben. Wenn Sie sich diese Unsitte erst einmal angewöhnt haben, werden Sie sie höchstwahrscheinlich nie mehr loswerden. Abgesehen davon, daß es einfach unschön aussieht, haben diese Pferde nicht im Genick nachgegeben.

Locker im Widerrist

Diese soeben beschriebenen Pferde sind locker im Widerrist und senken einfach den Hals; das Genick ist nicht mehr der höchste Punkt, und die Stirnlinie steht hinter der Senkrechten. Die Trense wirkt dabei nicht auf die Laden, sondern auf die Maulwinkel, und entsprechend können diese nach einiger Zeit auch aussehen! Nein; zwingen Sie sich (und damit Ihr Pferd) durch Kreuzanspannen, umfassenden Sitz sowie Aushalten der Hand dazu, das Pferd an die Hand zu schieben; halten Sie gegebenenfalls auch mal energischer durch, aber ziehen Sie weder, noch sägen Sie, und geben Sie sofort nach, wenn Sie in der Hand spüren, daß das Pferd quasi zum Einverständnis mit dem Kopf nickt, indem es im Genick abkippt. Jetzt tun Sie das gleiche, was Sie taten, als Sie vor dem Pferd standen: Durch Eindrehen der Hand – die Finger zeigen dabei leicht nach oben – nehmen Sie den einen Zügel etwas an, die andere Hand – der Handrücken zeigt etwas nach oben – gibt in der gleichen Weise nach. Das ist wichtig, denn wenn Sie nicht gleichzeitig nachgeben, würden Sie den Hals verkürzen und dabei notwendigerweise mit der stellenden Hand ziehen müssen. Damit wäre das Pferd gezwungen, sich im Genick zu verwerfen. Beide Ohren sollen aber in gleicher Höhe stehen. Kippt der Mähnenkamm nach der gestellten Seite, ist die Stellung erreicht. Mehr sollen Sie nicht verlangen. Sie geben die gestellte Seite nach, nehmen die andere Seite entsprechend wieder an, beides durch das oben geschilderte Drehen der Fäuste – die Unterarme bewegen sich dabei nicht – und stellen das Pferd nach der anderen Seite. Sie werden dabei bemerken, daß die Stellung nach der hohlen Seite leichter zu erreichen ist als nach der steifen. In keinem Fall dürfen Sie ziehen. Versteift sich Ihr Pferd, versuchen Sie es mit leichtem Abschütteln dieser Hand, dabei dürfen Sie keinesfalls den Hals herumziehen. Sie würden nur erreichen, daß dadurch das Pferd im Widerrist locker wird, aber nicht im Genick nachgibt.

Schenkelweichen

Gibt das Pferd nicht nach, so probieren Sie, es z. B. durch Schenkelweichen auf einer größeren Volte zum Nachgeben des inneren Zügels zu bringen. Wahrscheinlich wird es dem linken Schenkel etwas zögernder folgen und dem rechten gegebenenfalls entfliehen. Es wird jedoch nicht lange dauern, bis das Pferd begriffen hat, was Sie wollen. Dabei werden Sie feststellen, daß die Anlehnung vom inneren Zügel auf den äußeren allmählich übergegangen ist, die diagonalen Hilfen durchgehen und Sie das Pferd zwischen die Schenkel bekommen haben. Sie können jetzt das Pferd beliebig stellen und auch allmählich um den jeweiligen inneren Schenkel biegen. Bei der hohlen Seite versuchen Sie, die Hinterhand etwas mehr unter die Last zu bekommen, und an der steifen Seite vermeiden Sie jedes Ziehen mit der Folge des möglichen Verwerfens (abschütteln). Die Hinterhand folgt jetzt der Spur der Vorhand, der Reiter sitzt völlig gerade in den Hüften und bemerkt jede Tendenz des Ausweichens. Schauen Sie sich einmal die Sitzfläche Ihrer Reithosen an; Sie werden wahrscheinlich bemerken, daß der Druck des linken Gesäßknochens stärker zu sehen ist. Prüfen Sie auch die Innenseiten Ihrer Stiefel: Die eine Innenseite wird mehr abgewetzt sein als die andere. Das heißt: Sie sitzen schief oder Sie werden schief hingesetzt. Ein weiteres Zeichen für ein nicht geradegerichtetes Pferd oder einen schiefen Sitz: Ein Bügel hat die Tendenz, gegen den Absatz zu rutschen. Also: Sitzen Sie bewußt gerade in den Hüften, treten Sie den einen Bügel mehr aus als den anderen. Selbst an der Sattelunterlage oder sogar auf dem Rücken des Pferdes können Sie unter Umständen feststellen, wo exakt die steife Seite des Pferdes liegt.

Schenkelweichen. Innerer Schenkel rechte Hand. Rechts: Äußerer Schenkel rechte Hand.

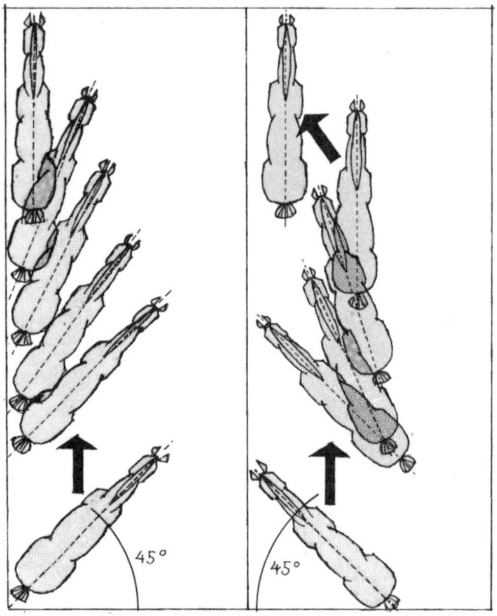

Unser geradegerichtetes Pferd kann jetzt gestellt und gebogen, auf Zirkel, Volten und Schlangenlinien geritten werden. Denken Sie aber bitte daran, daß der Hals Ihres Pferdes auf keinen Fall stärker gebogen sein darf, als das Pferd insgesamt gebogen ist, und daß dies wiederum nicht mehr sein darf als die gebogene Linie, auf der Sie reiten. Das Pferd wäre sonst ebenfalls nicht geradegerichtet.

Reiten in Konterstellung

Eine weitere Übung zum Geraderichten ist das Reiten in Konterstellung. Ob Sie Ihr Pferd schenkelgehorsam gemacht haben, können Sie u. a. folgendermaßen kontrol-

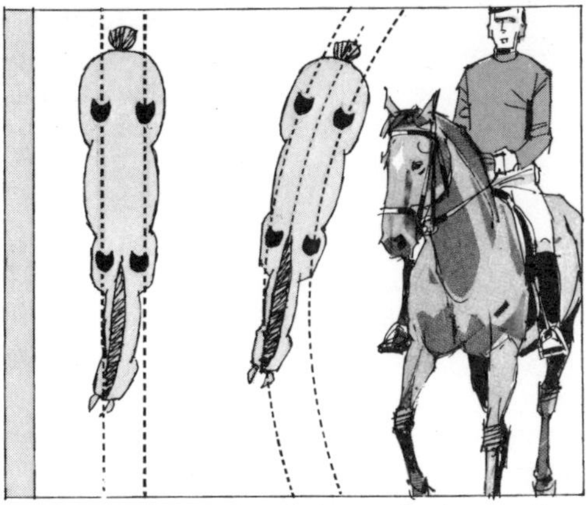

Die Konterstellung soll nur in kurzen Reprisen geritten werden.

lieren: Stellen Sie Ihr Pferd bei einer Vorhandwendung in Konterstellung, und zwar auf beiden Seiten. Wenn es auf beiden Händen gleichmäßig willig und ohne zu zögern die Wendung ausführt, dann haben Sie Ihr Pferd gehorsam am Schenkel. Rechtsumkehrt, z. B. auf der Vorhand, sieht ja doch so aus, daß der Reiter sein Pferd mit Rechtsstellung um das innere rechte Vorderbein treten läßt. Sie stellen also bei Konterstellung das Pferd in diesem Fall nach links – denken Sie dabei daran, daß die richtige Stellung erreicht ist, wenn der Mähnenkamm nach links umgekippt ist –, und dabei lassen Sie wiederum das Pferd um das rechte Vorderbein die Rechtswendung vollziehen. Obwohl der rechte Gesäßknochen etwas mehr belastet ist als der linke, dürfen Sie dennoch auf keinen Fall in der linken Hüfte einknicken, und obwohl das Pferd nach links, in die Richtung der Wendung, eingestellt ist, darf das Pferd dabei keinesfalls im Hals gebogen, geschweige denn im Widerrist verzogen sein. Sollten sich auf der steifen Seite Schwierigkeiten mit der Stellung im Genick ergeben, kann es ratsam sein, den Arm des Reiters auf dieser Seite geradeaus zu strecken, so daß der Zügel senkrecht über der Lippenspalte steht, die andere Hand bleibt leicht vibrierend an ihrem Platz. Diese Haltung kann zur Folge haben, daß das Pferd zu schlukken beginnt und damit der Aufforderung zur Stellung eher nachkommt. Ist dies der Fall, geht die Hand in ihre normale Stellung zurück. Wahrscheinlich werden später ein kleiner Schenkeldruck und ein leichtes Anheben der Hand genügen, um das Pferd zum Nachgeben zu bewegen. Durch das Reiten in Außenstellung auf dem Zirkel, beim Durchreiten der Ecken, in der Volte u. a. können Pferde davon abgebracht werden, sich auf den inneren Zügel zu legen. Außerdem wird ihnen damit beigebracht, Wendungen unabhängig von der Hand zu passieren.

S-förmige Biegung

Dann haben wir es noch mit einer weiteren Gattung von Pferden zu tun, denen die Schiefe angeritten wurde: Sie beherrschen eine S-förmige Biegungsreaktion perfekt. Zwar lassen sie sich willig in die Wendung führen, fallen aber mit der Hinterhand nach außen aus. Sie stehen nicht am Schenkel, weder am inneren noch am äußeren, und sind nicht durchgehend um den inneren Schenkel gebogen.

Das Problem der Korrektur besteht darin, genauestens zu überwachen, daß das Pferd zunächst auf großen gebogenen Linien – Zirkel, später größere Volten – exakt auf diese Linien eingestellt ist. Schenkelweichen, Vorhandwendungen im Gange und das Zirkelvergrößern können von Nutzen sein. Immer wieder aber müssen diese Pferde zwischendurch gut vorwärtsgeritten werden. Wenn Sie z. B. feststellen, daß Ihr Pferd zwar in den Wendungen rechtsgestellt geht, mit der Hinterhand jedoch S-förmig gebogen nach außen ausweicht, sollten Sie durch sorgsames Umstellen des Pferdes nach links auf die linke Hand gehend Ihrem Pferd die Vorhand auf die Hinterhand einrichten und diesen Wechsel immer wieder üben. Die Aufgabe besteht darin, dem Pferd wieder die exakte Biegung zu geben, bei der die durch Schultern und Hüften des Pferdes gedachten Linien zentral auf den Mittelpunkt der Biegung gerichtet sind. Biegt das Pferd, vor allem auf der rechten Hand beim Zirkel-Vergrößern, den Hals besonders stark ab, dann schieben Sie es trotzdem mit dem rechten Schenkel immer weiter hinaus. Sie richten ja doch dabei die Hinterhand auf die Vorhand ein und versuchen so, eine feine, leichte Anlehnung an den rechten Zügel zu gewinnen. Wechseln Sie dann auf die linke Hand und versichern Sie sich, daß Ihr linker Schenkel durchkommt. Erweitern Sie den Zirkel, wenn Sie merken, daß das Pferd links nachgegeben hat. Treiben Sie es mit dem linken Schenkel an den rechten Zügel; vielleicht müssen Sie es dabei links kurz »abschütteln«. Auf diese Weise kommt das Pferd an die diagonalen Hilfen, und Sie sind in der Lage, mühelos durch die Zirkel zu wechseln, in korrekter Biegung und korrektem Takt.

Es ist unwahrscheinlich, daß ein Pferd nach beiden Seiten S-förmige Biegung zeigt. Im übrigen sollten Sie gegebenenfalls durch einen Tierarzt prüfen lassen, ob ein konstitutioneller Grund dafür vorliegt, weshalb das Pferd zu dieser Biegung tendiert. Oft können es Schmerzen sein, die ein Pferd veranlassen, etwas nicht oder eben anders zu tun. Widerstände dieser Art stehen meist im Zusammenhang mit körperlichem Unbehagen oder sogar Schmerz. Es ist deshalb falsch, diese Mängel forciert beseitigen zu wollen; suchen Sie besser nach der Ursache. Indem man das, was das Pferd verweigert, ständig und immer wieder zu erzwingen versucht, reizt man nur um so mehr seinen Widerstand. Erst muß der Grund zur Opposition beseitigt werden, in unserem Falle z. B. durch Contra-Biegungen. E. F. Seidler hat dazu gesagt: *»Wir müssen uns erst zum Herrn des Kopfes und des Halses machen, wenn das Pferd uns untertänig werden soll.«* Dabei ist es absolut falsch, durch einseitige, harte Handeinwirkung das Nachgeben zu erzwingen, schon gar nicht auf der Stelle. Diese Pferde sind – es wurde schon einmal gesagt – besser durch gutes Vorwärtsreiten zu korrigieren und durch sauberes Umstellen beim Linienwechsel, besonders intensiv auf der Seite, nach der sie ausweichen. Dann ist es an der Zeit, die Vorhand auf die Hinterhand einzurichten und die Arbeit durch den weiteren Ablauf der Übungen zu festigen: Schenkelweichen in Schritt und Trab (kurze Reprisen!). Tritt das Pferd dann willig und ohne jeden Widerstand auf beiden Seiten über, geht es auch gerade. Eine der Hauptaufgaben beim Zureiten eines jungen Pferdes ist es, es im Widerrist festzustellen. Das heißt nicht, daß es etwa im Widerrist steif gemacht werden soll, sondern daß die Biegung, die ja nahezu gleichmäßig durch das ganze Pferd gehen soll (ich sage deshalb nahezu, weil es eben doch keine ganz gleichmäßig durch die Wirbelsäule gehende Biegung geben kann), nicht in der Halspartie stärker am Widerrist abbrechen darf.

Unkorrekt gebogene Pferde entziehen sich nicht nur jeglicher Versammlung, werden sie doch immer wieder versuchen, mit der Hinterhand auszuweichen; vielmehr können sie ihren Reiter bei jedem Ungehorsam in die größte Verlegenheit bringen, weil sie in der Lage sind, sich jeder Einwirkung zu entziehen, und zwar dadurch, daß sie sich weder biegen noch stellen lassen noch vorwärtsgehen wollen. Bei diesen Pferden muß wieder von ganz vorn angefangen werden. Die Korrektur ist deshalb so mühsam, weil diese Pferde inzwischen gelernt haben, wozu sie in der Lage sind, und auf welche Weise sie sich den Einwirkungen zu entziehen vermögen. Das Übel hat in jedem Fall damit begonnen, daß zuviel mit der Hand geritten, gezogen und gezerrt wurde und daß der oberste Grundsatz beim Anreiten eines jungen Pferdes mißachtet wurde: Das Maul des Pferdes ist absolut tabu. Wie gesagt, man muß von vorn begin-

nen. Das bedeutet: große Linien im Vorwärts, am Widerrist aufgesetzte Hände, die den Hals mit den Zügeln einrahmen, mit eindeutig korrekter Stellung, große abgerundete Wendungen, korrekter Sitz mit ebenso korrekten Hilfen in den Wendungen. Das Pferd muß lernen, die Hilfen zu akzeptieren und zu befolgen, sie können dabei in besonderen Fällen durchaus durchgreifender ausfallen und zwar so lange, bis das Pferd gelernt hat, sie zu befolgen und sich mit diesen Hilfen wenden zu lassen. Erst dann können und dürfen die Wendungen, die vorher weit abgerundeten Ecken, die Volten usw. enger werden.
Bei einem Pferd mit diesem Fehler sollte man sehr vorsichtig und nur, wenn es absolut geradegerichtet ist, zum Schenkelweichen kommen, wobei in jedem Fall darauf zu achten ist, daß es auch unbedingt auf den vorwärts-seitwärts treibenden Schenkel reagiert. Lassen Sie nicht zu, daß Ihr Pferd auch nur die geringste Biegung um den inneren Schenkel zeigt. Wechseln Sie oft von der einen Hand zur anderen im Schenkelweichen, immer bei geradem Pferd, wobei später eine geringe Stellung im Genick erlaubt ist. Üben Sie das Schließen – wiederum bei geradem Pferd. Alle diese Übungen müssen mühelos nach beiden Seiten möglich sein, ohne Stocken und ohne Zögern. Versuchen Sie das Schenkelweichen später auch im Trab – so wird es Ihrem Pferd allmählich zur Selbstverständlichkeit geworden sein zu wenden, ohne im Widerrist abzubrechen; es wird im Widerrist festgestellt sein.

Verwerfen im Genick

Ein weiteres Anzeichen für ein schiefes Pferd ist das Verwerfen im Genick. In vielen Protokollen vorzufinden – und bei manchen Pferden in jedem Protokoll! Eigentlich ist es unverständlich, weshalb keine Abhilfe getroffen wird. Wir wollen hier von dem reiterlich bedingten Verwerfen sprechen, nicht von anatomisch bedingten Mängeln, wie et-

Verwerfen im Genick. Der Reiter drückt mit der linken Hand über den Mähnenkamm.

wa das schlechtere Sehvermögen eines Auges oder ein organischer Defekt in einem Ohr. Pferde, die damit behaftet sind, tragen häufig automatisch das Genick schief, um besser sehen zu können oder einem Druck im Ohr nachzugeben. Auch die Lage der Ohrspeicheldrüse mag zum Verwerfen führen, wenn sie nicht gleichmäßig zwischen Ganaschenrand und Unterkinn hervor- bzw. bei sehr weiten Ganaschenrändern nicht gleichmäßig unter diese treten kann. Schauen Sie aber auch nach dem Kinnriemen, dessen Schnalle vielleicht auf die Unterkieferäste drücken kann, statt auf den Weichteilen zu liegen. Zum Verwerfen im Genick neigen die Pferde vorwiegend im Schulterherein rechts. Der Kopf wird dabei mit tiefergestelltem rechten Ohr nach links gedreht. (Im Schulterherein links haben sie dagegen die Neigung, sich im Hals nach links zu verbiegen und mit dem äußeren Hinterfuß auszufallen.) Dies ist ein Zeichen dafür, daß sie sich vom äußeren Zügel losgemacht haben. Sie könnten versuchen, durch kurze Arrêts der höhergenommenen rechten Hand den Kopf des Pferdes gerade zu bekommen; dazu gehört aber viel Feingefühl in der Hand und viel Treibenkönnen. Ratsamer ist es, entweder zum Schenkelweichen zurückzugehen und dem Pferd die diagonalen Hilfen – rechter Schenkel, linker Zügel – wieder ins Gedächtnis zu rufen, oder Sie tun das auf dem Zirkel, der größeren Volte, und richten die Vorhand durch treibende und dirigierende Schenkelhilfen wieder auf die Hinterhand ein und bringen das Pferd so zum Annehmen des äußeren Zügels. Wenn sich ein Pferd im Genick so verwirft, daß das äußere Ohr tiefer steht als das innere, dann liegt das einfach daran, daß gezogen wird. Auch da sollten durch Schenkelweichen, nahezu ohne jegliche Stellung, Pferd und Reiter lernen, den seitwärtstreibenden Schenkel anzunehmen. Wenn das Pferd den seitwärtstreibenden Schenkelhilfen nicht gehorcht, darf die innere Hand dabei nie höher genommen werden, sondern eher seitwärts, damit es sich nicht verwirft und dem inneren Schenkel durch einen verstärkenden seitlichen Anzug mehr Wirkung verschafft, wodurch es zum Seitwärtstreten gezwungen würde. Sobald der Schenkel durchgekommen ist, geht die Hand wieder in die Normalstellung zurück.

Galopp auf zwei Hufschlägen

Ebenso häufig findet man in den Notenbogen der Dressurprotokolle Anmerkungen zum Galopp auf zwei Hufschlägen beim Einreiten, bei den Galoppverstärkungen, bei der Grußaufstellung usw. Hier liegt es einerseits an der Nachlässigkeit der Reiter selbst, die damit wesentliche Punkte verschenken, andererseits daran, daß sie ihre Pferde nicht korrekt geradereiten können. Beim Angaloppieren fängt es an: Sie werden es wiederholt erleben, daß besonders auf der rechten Hand – ob aus dem Schritt oder aus dem Trab – und gleichgültig, in welcher Klasse, die Pferde mit hereingestellter Hinterhand angaloppiert werden. Die Reiter lassen es geschehen, ohne zu korrigieren, und damit wird diese Unsitte zur Angewohnheit. Somit werden diese Pferde immer so angaloppieren, erlaubt ihnen doch ihr Reiter, daß sie sich nicht sonderlich anzustrengen brauchen; statt dessen sollte er sie zwingen, den inneren Hinterfuß vermehrt unter die Last zu schieben und damit Gewicht zu tragen. Entsprechend ausdruckslos werden sie auch weitergaloppieren. Eine Versammlung ist nicht möglich, denn dieser Forderung weichen sie aus, indem sie sich weiterhin durch Hereinstellen der Hinterhand der Gewichtsaufnahme entziehen. Würden diese Reiter schon beim Angaloppieren darauf achten, daß ihre Pferde geradegerichtet sind, wäre den Anfängen bereits gewehrt.

Also: Achten Sie beim Angaloppieren darauf – ob aus dem Schritt, Trab oder aus dem Halt –, daß das Pferd nicht mit der Hinterhand ausweicht. Üben Sie – zunächst auf gebogener Linie, z. B. auf dem Zirkel –, durch ein paar Tritte den Zirkel erweiternd, das Pferd schulterhereinartig gestellt, dadurch vermehrt den inneren Hinterfuß unter die Last gebracht, zum Angaloppieren anzuregen. Gefühlsmäßig werden Sie den richtigen Moment erwischen, wenn Sie entsprechende Reiterfahrung haben. Haben Sie diese nicht, dann sollten Sie wissen, daß die Schenkelhilfe des inneren Schenkels aus dem Schritt dann erfolgen soll, wenn der äußere Hinterfuß zu Boden gestellt wird und damit das Gewicht aufgenommen hat; so wird dem inneren Hinterfuß die Möglichkeit gegeben, frei nach vorn zu schwingen. Das gleiche gilt analog beim Trab, wenn die Diagonale – äußeres Hinterbein und inneres Vorderbein – auf den Boden gestellt wird. Zur Ergänzung noch das Angaloppieren aus dem Rückwärtsrichten: Setzt das Pferd den inneren Vorderfuß zu Boden, nimmt – diagonale Fußfolge! – der äußere Hinterfuß Gewicht auf und gibt den inneren Hinterfuß frei zum Vortritt.

Diese schulterhereinartige Stellung beim Angaloppieren auf dem Zirkel oder der Volte ist leicht erreichbar durch ein paar Tritte

Der versammelte Galopp auf der Mittellinie läßt unweigerlich das geradegerichtete Pferd erkennen. ▷

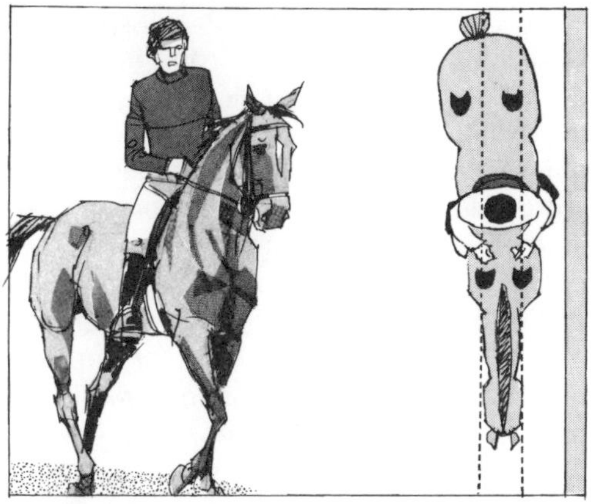

Schiefes Angaloppieren. Der Reiter knickt in der rechten Hüfte ein.

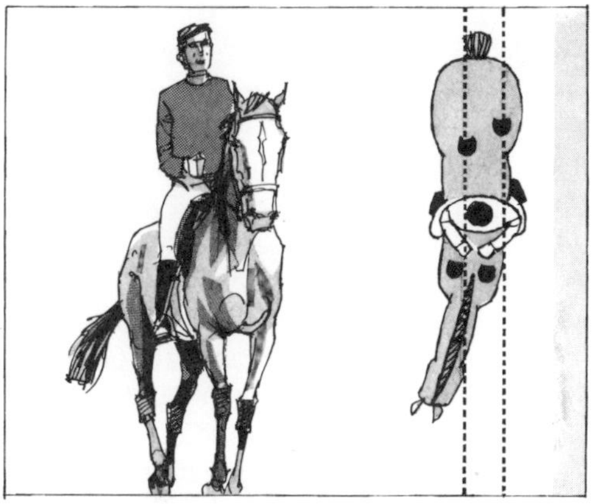

Abhilfe: Korrekter Sitz, Angaloppieren in leichtem Schulterherein.

des Erweiterns; halten Sie sich auch beim Angaloppieren auf der Geraden daran. Mein Rat: Denken Sie beim Angaloppieren stets an eine schulterhereinartige Stellung, und Ihr Pferd wird gerade angaloppieren.

Das gleiche gilt z. B. für das Einreiten auf der Mittellinie im versammelten Galopp. Schon der Gedanke an das Schulterherein wird Sie veranlassen, nicht auf »zwei Hufschlägen« anzukommen oder zur Grußaufstellung schief zum Halten zu kommen. Auch beim Zulegen zum Mittel- oder starken Galopp auf der Geraden führen Sie die Vorhand stets etwas von der Bande weg. Sie wissen ja: Die Vorhand des Pferdes ist nicht so breit wie die Kruppe; somit geht ein Pferd auch nicht gerade, wenn es mit der Schulter und der Kruppe parallel zur Wand geht. Eine gute Kontrolle haben Sie, wenn Sie dabei auf dem zweiten Hufschlag galoppieren: Geben Sie nicht Obacht, so werden Sie bemerken, daß das Pferd stets versuchen wird, an die Wand zu drängen, wenn Sie es zwischen den Schenkeln nicht geradezuhalten vermögen. Sie sollten aber auch in den versammelten Galoppreprisen wissen – und fühlen –, inwieweit Ihr Pferd überhaupt in der Lage ist, einen versammelten Galopp zu gehen. Der versammelte Galopp sollte kein Resultat aus einem reduzierten Arbeitsgalopp sein. Vielmehr sollte er seine Versammlung erhalten haben, indem das Pferd durch fleißiges, häufiges Angaloppieren erzogen wurde, mit der Hinterhand mehr und mehr unterzuspringen, die Last aufzunehmen und erhabener zu werden. Es muß ein Bergauf-Galopp werden, selbstverständlich bei minimalster Anlehnung.

Ein Wort noch zu den Hufschlagfiguren im Zusammenhang mit dem Problem des geraden Pferdes. Denken Sie bitte daran – und dies nicht nur in Dressurprüfungen –, die vorgeschriebenen Hufschlagfiguren korrekt zu reiten. Immer und stets gilt das Wort: Es kommt nicht darauf an, was Sie reiten, sondern wie! Und die Ausführung der korrekt gerittenen Hufschlagfiguren gibt auch Auskunft darüber, ob Ihr Pferd geradegeht. Die Ecken gehören nun mal mit richtig gestelltem Pferd durchritten, und auf den Volten muß nun mal bei einem geraden Pferd der innere Vorderfuß auf den inneren Hinterfuß gerichtet sein; das bedeutet, daß sich die Spur decken muß und daß das Pferd weder mit der Hinterhand nach außen schleudern noch vor der Vorhand gehen, d. h. nach innen ausweichen darf. Das ist, wie Sie wissen, nicht irgendeine willkürliche Forderung, sondern entspricht ganz einfach den Regeln und Anforderungen an das korrekt gehende Pferd. Sehr lehrreich ist es, einmal auf einem frisch präparierten Boden Hufschlagfiguren zu reiten! Sie werden alsbald merken, wo's fehlt. Korrekt gerittene Hufschlagfiguren dokumentieren, daß ein Meister ritt!

Zügellahmheit

Ständig schief gehende Pferde können – besonders dann, wenn sie gegen Handfehler empfindlich sind – Zügellahmheit zeigen. Diese Pferde treten nicht beidseitig gleichmäßig ans Gebiß, was zur Folge haben kann, daß ein Hinterfuß kürzer tritt als der andere. Dabei können sie ohne Reiter völlig gleich gehen. Diese Zügellahmheit ist ein angerittener Gehfehler eines nicht geradegerichteten und damit falsch »versammelten« Pferdes, das durch harte Handeinwirkung gezwungen wurde, mit einer Hinterhand weniger unterzutreten als mit der anderen.

Die Zügellahmheit fängt mit ungleichmäßigem Kopfnicken an (»Pferd lahmt auf einem Ohr«) – wie bei der Schulterlahmheit – und zeigt in schweren Fällen Symptome der Kreuzlahmheit. Charakteristisch ist, daß diese Pferde die Lahmheit sofort verlieren, wenn sie z. B. mit dem Halfter statt der Trense longiert werden. Abgesehen von der ungleichen Schritt- oder Trittlänge liegt dem Reiter das Pferd mit einem Zügel auf einer Hand, während es auf der anderen hinter dem Zügel geht. Die Zügellahmheit kann sowohl bei sich verhaltenden wie vorwärtsgehenden Pferden auftreten und sie kann sich auch auf der Vorhand zeigen. Zudem kann sie auftreten bei dressurmäßig zu weit geforderten Pferden, die nicht »ehrlich« geritten wurden. Sie schwanken zwischen Eilen und Verhalten, lahmen nicht im starken Trab, verweigern aber im versammelten Trab das entschiedene Vorwärtsgehen, indem sie passageartige, schwebende Tritte zeigen und versuchen, mit ungleichmäßigem Kopfnicken über die Zügel zu kommen, um dann regelrecht auf – zumeist – das rechte Vorderbein zu fallen, das einen kürzeren Tritt dabei macht. Die Korrektur besteht darin, die (häufig sehr weit ausgebildeten) Pferde ohne jegliche Zügelanlehnung vorwärtszureiten, um den Gang wieder in Ordnung zu bringen und den Takt zu regulieren. Erst dann kann daran gedacht werden, sie ohne stärkere Zügeleinwirkung dazu zu bringen, durch das Genick zu treten, um wieder zu einer gleichmäßigen Anlehnung zu kommen. Jedes Eilen und Verhalten muß möglichst durch den Sitz schon im Keim erstickt werden.

Schiefer Schweif

Zum Abschluß dieser Betrachtungen über das schiefe Pferd ein Wort noch über den schiefen Schweif. Meist zeigt der schiefe Schweif die hohle Seite des Pferdes an, bedeutet aber nicht unbedingt, daß dieses Pferd extrem schief sein muß. Der schiefe Schweif ist, ebenso wie der eingeklemmte Schweif, Ausdruck einer Zwangshaltung. Pferde mit diesem Fehler verspannen sich. Wenn sie aber im starken Galopp vorwärtsgeritten werden, verschwindet mit der Verspannung auch die schiefe Haltung. In solchen Fällen ist also eine Korrektur möglich. Auch hier heißt es wieder: Ganz von vorn anfangen, wie eine junge Remonte reiten, vorwärts und zum Loslassen bringen. Es wird mühsam sein, aber es ist die einzige Möglichkeit.

Das undurchlässige Pferd

Undurchlässige Pferde gibt es eine große Anzahl, und ebenso groß ist auch dieses Kapitel. Es gibt nur wenige wirklich durchlässige Pferde, aber wie viele Fehler gibt es, die immer wieder gemacht werden! Manche Reiter kennen es nicht anders, als daß ihre Pferde auf der Hand liegen, ob sie über dem Zügel oder gegen den Zügel gehen, undurchlässig im Maul und im Genick, fest im Rücken mit widerspenstiger, steifer Hinterhand. Ich frage mich, ob diese Reiter überhaupt Vergnügen am Reiten haben können, sind sie doch ewig damit beschäftigt, vorne zu halten und stoßende Bewegungen aussitzen zu müssen. Welch ein Vergnügen muß es doch andererseits sein, auf einem durchlässigen Pferd zu sitzen, das den leisesten Hilfen gehorcht und dessen schwingender Rücken den Reiter dahinschweben läßt. Es ist jedoch nicht allein der Genuß am Reiten, der diesen Reitern entgeht; der weitaus gravierendere Aspekt dabei sind die möglichen Gefahren, die durch undurchlässige Pferde entstehen können. Gerade die Undurchlässigkeit des Pferdes ist der Grund dafür, daß der Reitsport als unfallträchtig verschrien ist; dabei sind viele Unfälle vermeidbar. Die Undurchlässigkeit äußert sich in vielerlei Formen und steht oft im Zusammenhang mit mangelnder Losgelassenheit, verfehlten oder zu frühen Anforderungen, Sitzfehlern, Handfehlern und manchen anderen Gründen. Wir finden Pferde, die gegen die Hand, über die Hand und auf die Hand gehen; des weiteren gibt es Pferde, die gegen die Hand stoßen, mit dem Kopf schlagen und auf keinerlei Paraden reagieren, was vom übermäßigen Pullen bis zu Durchgehen gesteigert sein kann. Auch das Kapitel der Zungenfehler gehört hierher (s. Seite 93).
Manche Pferde sind mehr oder weniger unempfindlich im Maul. Eine gewisse Hartmäuligkeit kann aber auch angegritten worden sein. So haben Remonten durch ihre

Vorlastigkeit die Tendenz, sich auf die Hand zu legen. Das verschwindet jedoch im Laufe der Dressur wieder unter der Voraussetzung, daß der Ausbilder mit der Hand geschickt führt, daß nach und nach die Paraden vom Pferd beachtet werden, und daß der Reiter – wie gesagt – bei jungen Pferden nicht unbedingt seinen Willen durchsetzen will, sondern ihn erst allmählich zur Ausführung kommen läßt. Das gehört in ein Kapitel, welches man »psychologische Überlistung« nennen könnte, und wird sich entsprechend der Situation und Veranlagung des Pferdes ändern.

Zusatz-Nasenriemen bei Maulschwierigkeiten.

Die Reiterin zieht, das Pferd lümmelt sich auf die Hand.

Wie oben angedeutet, wird wohl ein guter Reiter kaum versuchen, ein hartmäuliges Pferd – z. B. aus einem Verleihstall einmalig ausgeliehen – korrigieren zu wollen. Er tut es nicht, weil es sinnlos wäre. Das heißt, die Korrektur solcher Pferde kann nicht in einer Kurzlektion durchgeführt werden, sondern dazu ist ein systematischer Aufbau notwendig. Erinnern wir uns: Es ist weitaus schwieriger, Fehler auszumerzen und zu beseitigen, die sich über eine lange Zeit hinweg eingebürgert haben. Pferde, die durch dauernde starke und stärkste Handeinwirkung »ledern« im Maul geworden sind, sind in extremen Fällen unkorrigierbar, besonders dann, wenn die dem Pferd eigenen Exterieureigenschaften die dazugehörige Basis geschaffen haben. Ich bin geneigt, in solchen Fällen das zwar vernichtende, aber einfach vernünftige Urteil zu fällen: zum Reiten untauglich, für den Reiter kein Vergnügen und für das Pferd mit Sicherheit auch nicht (soweit diese liebenswerten, gutmütigen und bereitwilligen Geschöpfe überhaupt gefragt werden). Im allgemeinen jedoch ist Hartmäuligkeit zu beseitigen, falls der Reiter zum korrekten Sitz in der Lage ist.

Die *Korrektur* beginnt also mit den aus dem *korrekten Sitz* kommenden *korrekten Hilfen* – wie könnte es auch anders sein. Zur Korrektur ist zu empfehlen, nur ausnahmsweise den Galopp zu benutzen, denn gerade der Galopp bietet dem Pferd am ehesten die Möglichkeit, sich festzuziehen; Schritt und abgekürzter Arbeitstrab sind besser. Lesen Sie nochmals nach, was im Abschnitt über das schiefe Pferd steht, und denken Sie an die hohle und die steife Seite Ihres Pferdes. Machen Sie es sich und Ihrem Pferd nicht schwerer, als es ohnehin ist, und arbeiten Sie zunächst auf der hohlen Seite. Wie bereits bei der Vorhandwendung in der Bewegung ausgeführt wurde, müssen Sie zunächst einmal Ihr Pferd dazu bringen, in Maul und Genick nachzugeben.

Die Vorhandwendung in der Bewegung – ohne Längsbiegung –, bei der die Vorhand einen kleineren Kreis betritt als die Hinterhand und die innere Hand des Reiters nahezu senkrecht hochstehend, das Pferd zum Kauen reizt und damit im Maul tätig macht, diese Vorhandwendung läßt bei tätigem inneren Schenkel das Pferd im Maul ansprechbarer werden. Dieses Vorgehen ist besonders bei hartmäuligen Pferden anzuwenden, die *über der Hand* gehen, denn bei der Nickbewegung kommen sie tiefer. Aber auch *zu tief gehende, auf der Hand liegende Pferde* vermag der mit dem inneren Schenkel aktive Reiter aufzurichten, wobei immer wieder daran zu erinnern ist, daß die innere Hand sofort zur Normalstellung zurückzugehen hat, sobald das Pferd nachgibt. Die ständige Wiederholung dieser Hilfen auf beiden Händen, namentlich im abgekürzten Trabtempo, wird die Hartmäuligkeit beheben und das Pferd auch schenkelgehorsam machen. Wollen wir uns bei dieser Gelegenheit nochmals daran erinnern, daß die – in diesem Fall – seitwärts-vorwärts treibenden inneren Schenkelhilfen nur dann wirksam sind, wenn sie im richtigen Moment gegeben werden, dann nämlich, nachdem sich dieser innere Hinterfuß vom Boden abgehoben hat. Die Korrektur wird fortgesetzt durch halbe, später auch ganze Paraden, durch Rückwärtsrichten, aber auch durch Schenkelweichen auf gerader Linie und wiederum später durch Seitengänge. Der konsequente und richtige Aufbau der Lektionen kann Hartmäuligkeit unter der Voraussetzung beseitigen, daß der Reiter absolut unabhängig von der Hand sitzt und damit auch in der Lage ist, korrekt einzuwirken. Der Reiter sollte sich selbst immer wieder überprüfen und die Hand, die in Gefahr geraten könnte, fester zu werden, durch Abschütteln lockern oder vom Gebiß abschütteln; er sollte sich aber auch nicht genieren, falls es sich bei seinem Pferd um ausgesprochenen Ungehorsam oder sogar um Widersetzlichkeit handelt, durch einen kräftigen Arrêt deutlich zu machen, daß dies nicht sein darf. Dieser Arrêt wird stets nach oben, zur entgegengesetzten Schulter des Reiters, geführt: bewußt, gezielt und ohne Zorn; danach herrscht wieder Ruhe.

Völlig verfehlt ist es, hartmäulige Pferde durch ein schärferes Gebiß korrigieren zu wollen. Wenn es anfangs auch zu einem gewissen Erfolg führen sollte, so besteht doch die Gefahr, daß sich das Pferd an das Gebiß gewöhnt und mit der Zeit ebenso hart wie vorher wird – falls die Reiterhand nicht doppelt so weich und nachgebend geworden ist. Im Gegenteil: Der Reiter sollte das Maul genau untersuchen und prüfen, ob z. B. die Laden sehr scharfkantig sind, ob eine Olivenkopftrense oder eine Gummitrense besser angebracht wäre. Die Anwendung von Martingal oder gar Schlaufzügeln wäre gänzlich falsch. Da Hartmäuligkeit kein Ergebnis weniger Reitstunden ist, dauert die Beseitigung zumindest ebenso lange. Auch an dieser Stelle möchte ich wieder betonen: Haben Sie Geduld und vermeiden Sie schnelle Gangarten. Betontes Bummeln im Gelände kann ebenso helfen wie das Treten über Cavaletti bei tiefer Nase und federndem Rücken. Wichtig dabei ist, daß die Pferde zum Strecken gebracht werden, denn damit entspannen sich auch andere Muskelpartien und ermöglichen es dem Reiter, zum Treiben zu kommen und so den nötigen Schwung zu erhalten. Hört das Kauen auf und wird gar zum Zähneknirschen, dann stimmt etwas nicht mehr; die Aufmerksamkeit kann nachgelassen haben, das Pferd kann verärgert sein – ein Zeichen also zum Pausieren. Ein Pferd kann nicht ständig aufmerksam sein. Es kann auch nicht ständig kauen, besonders dann nicht, wenn es ermüdet oder abgespannt ist. Ein guter Reiter aber liebt die leichte Führung – nicht den großen Kraftaufwand – und wird daher von vornherein darauf bedacht sein, daß es der großen Einwirkung erst gar nicht bedarf. Immer wieder

Der hier viel zu eng geschnallte Nasenriemen behindert das Pferd in der Atmung; dies kann bei sensiblen Pferden Panik erzeugen.

Die Hebelwirkung des zu kurz in die Springkandare eingeschnallten Martingals ist hier besonders deutlich. Ob sich das Pferd wohl fühlt?

wird er mit der Hand leicht antippen, um herauszufinden, ob Maul und Genick in geschmeidiger Bereitschaft sind. Diese Anfragen dürfen beim Reiten nie aufhören, sie sind das Elixier des Reitens. Mit *Gebissen aus Kupfer* wurden gute Erfahrungen gemacht. Offensichtlich mögen Pferde den Kupfergeschmack; sie beginnen eher zu kauen, und damit wird der Speichelfluß gefördert. Gerade dies ist aber im Interesse der Weichmäuligkeit erwünscht.

Pferde, die im Gleichgewicht gehen, gehen nicht auf dem Zügel. Pferde dagegen, die auf dem Zügel gehen, suchen – in der Reitersprache – das »fünfte Bein« in der Hand des Reiters. Das kann reiterliche Mängel zur Voraussetzung haben, es kann aber auch gebäudebedingt sein oder im Zusammenhang mit Temperamentfehlern stehen. Überbaute Pferde, Pferde mit schwacher Hinterhand und damit mangelnder Tragkraft sowie in der Mehrzahl Stuten neigen dazu, auf die Hand zu gehen. Aber auch eine kräftige Hinterhand, gepaart mit einer schwachen Vorhand und einer zu steilen Schulter, gibt dem Pferd nicht das ausbalancierte Gleichgewicht. Die Anlehnung an sich ist generell bei jedem Pferd verschieden; sie ist um so leichter zu erlangen, je mehr ein Pferd im Gleichgewicht geht. Die richtige, leichtere Anlehnung fördert indessen wiederum das Gleichgewicht. Eine durch ungünstige Winkelung steile und steife Hinterhand bringt das Pferd in eine stärkere Anlehnung, die sich bei älteren Pferden durch altersbedingte Steifheit noch verstärken kann. Die Korrektur dieser Pferde ergibt sich aus dem Grad der Mängel, besteht aber im wesentlichen darin, sie so weit wie möglich ins Gleichgewicht zu bringen. Sie müssen also lernen, weder auf der Vorhand dahinzutrotten noch in der Hand eine Stütze zu suchen. Soweit sie im Takt gehen – anfangs gehen wir möglichst nur auf dem Zirkel und die empfehlenswerte Gangart ist der Arbeitstrab –, ist es verhältnismäßig einfach, sie durch Nachgeben zum Strecken zu bringen. Das Nachgeben erfolgt selbstverständlich am inneren Zügel bei tätigem inneren und leicht anstehendem äußeren Schenkel. Wir machen viele Wendungen mit eindeutigem Umstellen, Vorhandwendungen in der Bewegung, Schenkelweichen, und alles auch mit Konterstellungen.

Da die Anlehnung kaum beidseitig gleich stark ist – siehe Abschnitt »Das schiefe Pferd« –, sollten Sie stets mit der weichen Seite beginnen, wobei es sich als gut erweisen kann, wenn Sie die Stellung des Kopfes – zur Korrektur – überbetonen, die verstärkte Stellung aber durch den gleichzeitig aktiven Schenkel unterstützen und oft die Hand wechseln. Wenn im Laufe dieser Arbeit das Pferd zum Strecken gekommen ist, beginnt die Periode der Kräftigung der Hinterhand, um – je nach Gebäude – die Tragkraft zu erhöhen.

»In den Boden gerittene« Pferde

Bei Pferden, die auf die Hand gehen, weil sie »in den Boden hineingeritten« wurden, oder die als Folge mangelhaften Sitzes (bei temperamentvollen Pferden) festgezogen wurden, kann der gleiche Weg der Korrektur gewählt werden. Aber analog zu dem Spruch, daß in der Reitkunst in gewissem Sinne alles richtig, aber auch alles falsch sein kann, besteht für einen guten Reiter keine Schwierigkeit, ein solches Pferd durch energisches Anpacken von seinem Fehler, der festgezogenen Anlehnung, zu befreien. Einem guten Reiter braucht man diesen Rat nicht erst zu geben, denn er kennt ihn schon. Das Problem besteht dagegen darin, das Pferd aus seiner tiefen Kopfhaltung heraus aufzurichten, indem es auf die Hinterhand gesetzt wird, ohne es erst zum Strecken zu bringen. Dies gelingt bei einem älteren, in den Grundzügen ausgebildeten Pferd, und vor allem dann, wenn der Reiter weiß, daß Versammeln nicht darin besteht, das Pferd hinten zu prügeln und vorne zu halten. Ein paar kräftige Sporenstiche und ein kurzer, kräftiger Arrêt werden bewirken, daß das Pferd seine tiefe Kopfstellung aufgibt. Danach allerdings gilt die gleiche Arbeit, nämlich das Pferd vorwärtsreitend wieder an die Hilfen zu stellen.

Taktfehler im Trab

Die gravierendsten Taktfehler im Schritt – den Paß, das Zackeln sowie den eiligen Schritt – haben wir betrachtet. Wir wollen uns nun noch Taktfehler im Trab ansehen und später im Galopp. Die Fußfolge im Trab ist ja verhältnismäßig leicht zu erkennen und wird in diesem Rahmen als bekannt vorausgesetzt. Taktfehler können dadurch auftreten, daß die Hinterhand später auffußt. Dies ist meist eine Folge von zu früh geforderter Versammlung, ohne die Hinterhand genügend gymnastiziert zu haben, ebenso aber durch zu frühe (aktive) Aufrichtung, bei der der Rücken nicht die Verbindung von der Hinterhand zum Maul herstellte.

Als Folge dieser Taktfehler zeigen diese Pferde einen *eiligen Mitteltrab*. Pferde mit steifer Hinterhand und herausgestellten Sprunggelenken zeigen – hinten breit gehend – die Eisen. Bei Trabverstärkungen kann es aber auch geschehen, daß ein deutliches *Eisenklappen* zu hören ist. Der Hinterfuß setzt dabei auf, ehe der Vorderfuß genügend nach vorn ausgegriffen hat. Das Pferd geht *hinten übereilt*. Dies ist oft zu hören bei ländlichen Turnieren auf durch Regen und von zahllosen Ritten aufgearbeiteten, tiefen Böden. Pferde mit diesem Fehler müssen in der Arbeit weniger vorwärtsgeritten werden, auch sollten sie weniger getrieben werden. Außerdem sollte der Rahmen des Pferdes erweitert werden, um den Vorderbeinen genügend Freiheit zum Heraustreten zu geben. Dabei wird zunächst der Takt in Ordnung gebracht. Danach muß die Hinterhand durch Gymnastik wieder vermehrt zum Tragen gebracht werden. Die relative Aufrichtung wird so gefördert

Das Pferd greift sich (schmiedet).

Vorn übereilter Trab.

Hinten übereilter Trab.

dert und damit den Vorderbeinen die Möglichkeit gegeben, kadenzierter, freier und erhabener zu treten, da ja die Schulter entlastet ist. Das Klappen der Hufe wird aufhören. Es ist aber auch ratsam, den Schmied zu befragen, ob die Möglichkeit besteht, durch einen entsprechenden Beschlag die Arbeit zu unterstützen; dabei liegt die Betonung auf »unterstützen«, denn die Hauptarbeit liegt beim Reiter.

Eine die Hinterhand gymnastizierende Lektion, insbesondere im Hinblick auf Trabverstärkungen, ist der Übergang vom Schulterherein zur Trabverstärkung in Richtung zur gegenüberliegenden langen Seite. Ebenso gymnastizierend wirkt das Reiten auf dem Zirkel, im versammelten Trab mit kurzen Verstärkungsreprisen. Nach einer halben Parade wird das Pferd bei gut herangenommenem äußeren Schenkel gewissermaßen auf einer abgekürzten Linie des Zirkels zum nächsten Paradepunkt geritten. Dadurch soll vermieden werden, daß die Hinterhand nach außen ausweicht und sich das Pferd so um die Gewichtsaufnahme drücken kann. Diese Übergänge werden zur Steigerung der Durchlässigkeit führen und dem Pferd das Eilen nehmen. In keinem Fall ist es ratsam, in dieser Periode Trabverstärkungen an der langen Seite zu reiten. Besser ist es, zur Probe einmal kurz an der kurzen Seite zuzulegen. Später, wenn das Pferd genügend durchlässig geworden ist, kann man, sorgfältig beobachtend, auf der langen Seite – nach Möglichkeit lieber im zweiten Teil der langen Seite als zu Beginn – zu Trabverstärkungen kommen.

Kurze Trabverstärkungen auf dem Zirkel.

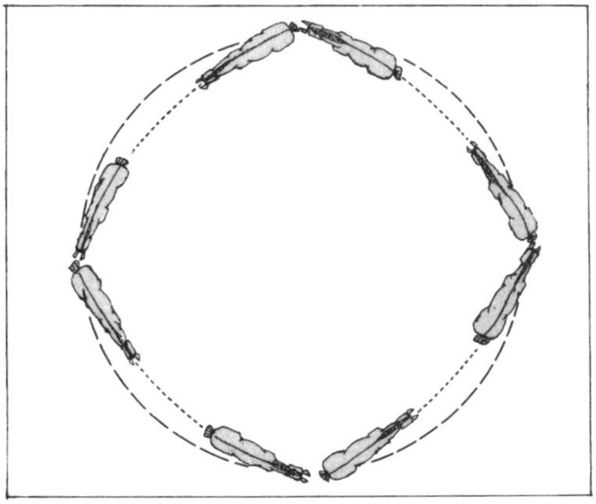

Schenkelgänger

Immer wieder sind in Dressurprüfungen Trabverstärkungen zu sehen, bei denen Pferde strampelnde, stechende Tritte zeigen, in den versammelten Lektionen dagegen schwebende Tritte. Auch unregelmäßige Tritte in den Trabverstärkungen mit breiter, seitwärtstretender Hinterhand sowie die oben erwähnten stechenden Tritte der Vorhand deuten auf mangelnde Losgelassenheit. In beiden Fällen ist zu prüfen, inwieweit die mangelnde Losgelassenheit durchgehend durch alle Lektionen verfolgt werden kann und das Pferd schlichtweg als Schenkelgänger zu bezeichnen ist. Diese Pferde gehen ständig mit festgehaltenem Rücken, die elastische Brücke von der Vorhand zur Hinterhand fehlt. Schenkelgänger entstehen dadurch, daß von Anfang an von ihnen zuviel verlangt wurde. Ohne daß sie zuerst in die Tiefe geritten wurden, sind sie zu früh aufgenommen worden. Durch Festhalten kamen sie mit dem Gewicht auf die Vorhand, weil die Hinterhand noch nicht genügend gekräftigt und aufnahmebereit war. Die Gelenke wurden dadurch versteift, die Steifheit übertrug sich auf den Rücken und die übrige Muskulatur, die sich nicht mehr dehnen und zusammenziehen konnte. Das Pferd wurde in sich verspannt, und damit liefen Vor- und Hinterhand ohne die elastische Verbindung des Rückens. Der harte Rücken bewirkt, daß ein Aussitzen nur widerwillig geduldet wird, was zur Folge hat, daß der Reiter nicht losgelassen sitzen kann. Die Beeinträchtigung des Sitzes teilt sich wiederum dem Pferd mit, das sich immer wieder verspannt – es ist ein ewiger Teufelskreis.

Für den Betrachter ist es sehr einfach festzustellen, ob ein Pferd losgelassen geht oder sich im Rücken festhält. Die Korrektur besteht im gangreinigenden Vorwärtsreiten zur Herstellung der Losgelassenheit, wie in den ersten Remonte-Monaten: Treten über Cavaletti, kleine Sprünge, Spazierenreiten, Klettern, wenig Aussitzen und keine Versammlung. Erst wenn diese Basisarbeit Erfolg gezeigt hat, kann das Pferd wieder aufgebaut werden. Wie stets geschieht dies mit freundlicher Hand.

Taktfehler im Galopp

Taktfehler im Galopp zeigen sich, wenn Pferde im Viertakt gehen – abgesehen von einem naturgegebenen schlechten Galopp, der ohnehin nicht reparabel ist. Im Viertakt-Galopp fußt der innere Hinterfuß vor dem äußeren Vorderfuß. Dies ist fast immer die Folge von zu starker Handeinwirkung bei zu schwachem Treiben. Damit ist auch die *Korrekturarbeit* vorgezeichnet. Es ist übrigens der falsche Weg, einen versammelten Galopp bei einem in Ausbildung befindlichen Pferd dadurch erreichen zu wollen, indem man den Arbeitsgalopp zum versammelten Galopp zu reduzieren versucht. Der bessere Weg ist das häufige Angaloppieren aus dem Schritt oder versammelten Trab, wobei besonderer Wert auf absolutes gerades Angaloppieren zu richten ist. Auch Übergänge aus dem Mittelgalopp zum Arbeitsgalopp setzen ein Pferd weitaus mehr als die Reduzierung. Außerdem wird da-

Die Galoppade ist angeboren und nur wenig zu verbessern. Hüten Sie sich vor zu starker Handeinwirkung; mögliche Fehler zeigt die Abbildung.

Unreiner Galopp, übereilte Hinterhand.

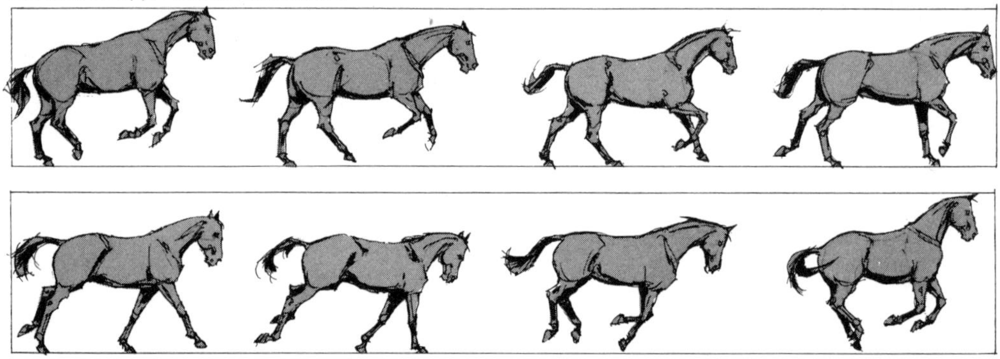

Unreiner Galopp, übereilte Vorhand.

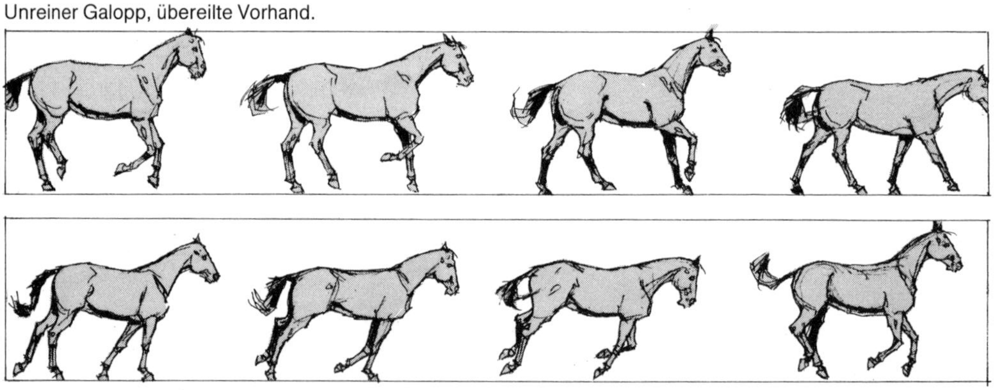

durch vermieden, daß der Schwung verlorengeht, wodurch die Sprungphase ausdruckslos würde. Wiederum ist für diese Arbeit das Zulegen und Aufnehmen auf dem Zirkel sehr wirksam. Auch dabei wird der Schwung erhalten, und der versammelte Galopp wird sich von allein einstellen.

Kopfnicken

Im versammelten Galopp mit dem Kopf nikkende Pferde sind ebenfalls auf diese Weise zu korrigieren. Das Nicken hat fast immer seine Ursache im festgehaltenen Rükken. Auch Pferde mit starker Halsmuskulatur und engen Ganaschen bereiten oft Schwierigkeiten, besonders dann, wenn die Unterhalsmuskulatur stärker ausgebildet ist als die Nackenmuskeln und der Hals noch dazu tief angesetzt ist. Es kann sein, daß ihnen der Unterhals angeritten wurde, es kann aber auch sein, daß er bei der Ausbildung nicht weggeritten wurde. Diese Pferde werden meist über der Hand, über dem Zügel gehen. Sehr häufig haben sie zudem einen schwachen Rücken, der ihnen zwar nicht gerade Schmerzen bereitet, sie aber doch die Reiterlast als unangenehm empfinden läßt.

Die Beseitigung der Ganaschenenge ist anatomisch natürlich nicht möglich. Das Genick kann jedoch durch Gymnastik beweglicher und das Maul in der oben beschriebenen Art nachgiebiger gemacht werden. Beginnt das Pferd erst einmal zu kauen, ist schon viel gewonnen. Die Beweglichkeit des Genicks und damit die Reduzierung der Schwierigkeiten in den Ganaschen erreichen Sie, wie schon beschrieben, durch Bearbeitung derselben mittels Massage und Handarbeit. Gewisse Ganaschenzwänge werden in Extremfällen jedoch nicht zu beseitigen sein.

Über dem Zügel gehen

Zur Korrektur der über dem Zügel gehenden Pferde ist zu sagen, daß hier Rückenschwierigkeiten der Grund sein können.

Über dem Zügel gehendes Pferd, der Reiter drückt.

Die Arbeit an der Longe vor Beginn der Arbeit kann hilfreich sein. Besonders bei diesen Pferden ist es wichtig, sie in die Tiefe zu bringen und zum Strecken zu veranlassen. Sie dürfen dabei sogar lieber zeitweise hinter die Senkrechte geraten, denn durch betontes Vorwärtsreiten werden sie bei weich durchhaltender Hand zum Nachgeben zu bringen sein. In keinem Fall darf eine gewollte Anlehnung gefordert werden. Eher ist hier das energische Vorwärtsreiten die richtige Korrekturmaßnahme, denn bei diesen Pferden soll keine Aufrichtung erzeugt werden, sondern ihnen soll zunächst mit ihrem schwachen Rücken – durch das Dehnen aufgewölbt – das Tragen des Reitergewichtes erleichtert und der Rücken gestärkt werden.

Wie verhalte ich mich, wenn ich mich auf ein Pferd setze, von dem ich vom Exterieur her von vorneherein weiß, es wird ein »Sterngucker« sein? Aufsitzen, passiv sitzen, ohne Einwirkung, und warten, was geschieht. Dann im Schritt anreiten, weiter nichts tun, nach Möglichkeit hingegebene Zügel. Zügel aufnehmen, im Schritt bleiben, Kopf kommt noch höher. Zügel leicht anstehen lassen, Hände auf Widerrist aufsetzen, antraben im leichten Sitz. Im Zirkel – auf der weichen Seite – inneren Zügel anstehen lassen, Stellung geben nach in-

Das Pferd geht gegen die Hand.

nen, mehr innerer Schenkel – bis zur herausgestellten Hinterhand. Das kann lange dauern, sehr lange, bis das erste Nicken kommt, dann sofort innen nachgeben und dabei vorwärtsreiten, Tritte verlängern, der Kopf geht wieder hoch; dann dasselbe wiederholen. Viel inneren Schenkel geben – bis das Pferd wieder am Zügel steht –, nachgeben und vorwärts. Nun dasselbe auf der anderen Hand – keine geraden Linien reiten –, auch im Aussitzen (bei etwas entlastendem Sitz). Irgendwann gibt das Pferd nach. Danach versuchen wir es mit der Volte im Vorwärts; der Ablauf ist wie oben. Auf diese Weise bekommen Sie die Nase Ihres Pferdes nach unten, nie aber, wenn Sie versuchen sollten, z. B. mit der inneren Hand nach unten zu drücken. Dann gehen Sie eher mit der inneren Hand hoch, wie schon beschrieben, benutzen Ihren inneren Schenkel immer aktiver und halten durch, bis Sie spüren: Jetzt kommt der »Nicker« mit dem Kopf und damit Ihr sofortiges Nachgeben der Hand.

Ganz falsch und erfolglos wäre stures Vorwärtsreiten, vielleicht noch auf geraden Linien. Nein, immer wieder Wendungen, Zirkel, größere Volten und viel, viel innerer Schenkel. Versuchen Sie es auch einmal im Halten, aber nicht durch Rückwärtsziehen, Sägen oder Riegeln, sondern durch Anspannen des Kreuzes, durch vibrierenden Schenkel der gleichen Hand, die bedeutend höher stehen kann als die andere, die ihrerseits aber auch nicht untätig zu sein braucht. Und vergessen Sie auch beim geringsten Erfolg das Lob nicht! Die konsequente Durchführung der Arbeit in diesem Sinne wird zwangsläufig schon bei der Andeutung der Maßnahmen zum Erfolg führen, und damit haben Sie die Möglichkeit, Ihrem Pferd zu sagen: So wollen wir es halten, und dabei soll es bleiben.

Die weitere Arbeit ist die gleiche wie immer: den Erfolg ausbauen durch allmähliche Steigerung der Anforderungen, unterstützt durch eine – in diesem Fall – besonders weiche und empfindsame Hand. Sie müssen in der Lage sein, allein durch ein betontes Anspannen des Kreuzes und ein leichtes Schließen der Schenkel das Nachgeben in Genick und Maul des Pferdes zu erreichen. Diese Pferde können dabei außerordentlich empfindlich sein und gegebenenfalls hinter den Zügel geraten. Aber inzwischen haben Sie ja so viel Erfahrung, daß es Ihnen ein leichtes sein wird, gerade diese Augenblicke zu nutzen, um ganz betont nach vorwärtszureiten, z. B. in Trabverstärkung auf dem Zirkel, aber auch im Galopp.

Pferde mit dem Fehler, über dem Zügel zu gehen – angeritten und/oder von Natur gegeben –, erfordern vermeintlich oft *Hilfszügel*, sei es der Ausbindezügel, das Martingal, der Stoßzügel, das Chambon oder der Schlaufzügel. Von W. Seunig stammt der Ausspruch: *»Der beste Hilfszügel ist und bleibt das an die stets und weich hingehaltene Hand herantreibende Kreuz.«* Wenn Sie einen Hilfszügel verwenden, dann sollten Sie jedoch doppelt vorsichtig in der Anwendung sein. Ein zu kurz geschnalltes *Martingal* multipliziert durch die Hebelwirkung der unterbrochenen Linie den Druck aufs Gebiß und verlegt ihn zudem vermehrt auf die Laden. Die Handfehler werden damit noch gröber und enden in einer Vergewaltigung des Pferdes. Es sei denn, der Reiter hat soviel Gefühl zu spüren, wann der Takt und der Gang beginnen verlorenzugehen, weil der Rücken festgehalten wird oder weil das Pferd hinter dem Zügel gehend dahinschleicht. Verfügt der Reiter aber über dieses Gespür, kommt er sicherlich auch ohne Hilfszügel aus. Der *Schlaufzügel* sollte ebenfalls nicht dazu dienen, das Pferd in eine »Versammlung« hineinzupressen. Er kann als Korrekturmittel – richtig angewendet – seine Berechtigung haben, wenn es z. B. gilt, Kopf- und Halshaltung zu korrigieren. Der sattsam bekannte Satz vom Rasiermesser in der Hand hat wohl seine Berechtigung. Ein weit eingestelltes *Chambon* halte ich für die bessere Maßnahme, denn das Pferd reguliert seine Kopfhaltung von selbst, ohne jegliche Einwirkung der Reiterhand. Das Chambon gestattet dem Pferd zudem, sich so tief es mag zu strecken (im Gegensatz zum *Ausbindezügel*).

Kopfschlagen

Das Kopfschlagen kann eine Unart sein, in den meisten Fällen aber geht es wohl auf das Konto des Reiters. Wenn letzteres zutrifft, bedarf es allerdings der gründlichen Korrektur des reiterlichen Sitzes und damit auch der Einwirkung der Hand. Pferde, die mit dem Maul nach unten – oder oben – stoßen, bringen stets ihre »Beschwerde« darüber zum Ausdruck, daß sie eine harte Hand stört oder ihnen sogar weh tut. In jedem Fall ist das Vertrauen zur Hand gestört, und das muß wieder hergestellt werden. Auf keinen Fall sollten Sie glauben, das Kopfschlagen durch »Insterburger« beseitigen zu können. Wenn Sie das Kopfschlagen durch falsche Einwirkung nicht selbst hervorgerufen haben, wenn es also nicht dem fehlerhaften Einfluß Ihrer Hand entspringt und Sie sich nicht damit abfinden wollen, ewig mit Hilfszügeln zu reiten, dann müssen Sie in die Anfänge der Ausbildung zurückgehen und Ihr Pferd in die Tiefe reiten, im Trab wie im Galopp, und sich dehnen lassen bei konstant weicher Zügelanlehnung. Vermeiden Sie jede harte Parade, wenden Sie Ihre Stimme an als Stimulanz und zur Beruhigung, besonders dann, wenn Sie einen Choleriker unter sich haben. Besser ein spontaner Sporenstich, und zwar im Moment des Kopfschlagens, als irgendeine Regung mit der Hand. Wie stets bei Korrekturen müssen diese Strafen sofort erfolgen, ansatzlos und konsequent, bis eines Tages die Andeutung einer Schenkelbewegung genügt, die dem Pferd sagt, daß Fehler dieser Art nicht geduldet werden. Natürlich wird das kaum ausschließen, daß es im Parcours oder im Jagdfeld doch mal wieder dazu kommen kann. Aber da werden Sie schon aus Vorsorge wohl ohnehin ein richtig verschnalltes Martingal angebracht haben.

Kopfschlagen kann übrigens auch von irgendeinem Schmerz in der Sattellage herrühren, also vom Rücken kommen. Vergewissern Sie sich, daß der Fehler nicht dort seine Ursache hat. Ein weiterer Grund ist in Schmerzen zu suchen, die überstehende Kanten der Backenzähne dem Pferd bereiten können. Lassen Sie das Pferdemaul durch den Tierarzt untersuchen und gegebenenfalls die Zähne abraspeln.

Kopfstoßen

Das gleiche gilt für das Kopfstoßen nach unten. Es ist immer der unwillige Ausdruck gegen zu starke Handeinwirkung; vielleicht war die Reiterhand zu hart, zu unnachgiebig, zu wenig elastisch. Diese Pferde gehen zumeist mit festgehaltenem oder weggedrücktem Rücken, nicht losgelassen und damit nicht ausbalanciert, sie tragen sich nicht selbst. Da hilft nichts anderes als: Fangen Sie bei sich an, überprüfen Sie Ihren Sitz und Ihre Hand, und bemühen Sie sich, Ihr Pferd von der Hand wegzubekommen (siehe auch den Abschnitt über das verspannte, nicht losgelassene Pferd, Seite 40 ff.). In jeder Dressurprüfung, gleichgültig in welcher Klasse, wird das Aus-der Hand-Herauskauen der Zügel verlangt, nicht nur im Halten oder im Schritt, sondern auch im Trab und im Galopp. Diese Übung offenbart eindeutig, ob das Pferd richtig geritten wurde, zeigt sie doch u. a. Taktfehler, Anlehnungsfehler oder mangelnde Losgelassenheit.

Das Stoßen kann aber auch reine Unart sein. Typisch ist dies bei Pferden, die sich beim Herauskauenlassen zunächst artig dehnen und dann plötzlich einen Stoß machen – ein Ausdruck von Ungeduld. In diesem Fall kann ein sofortiger etwas härterer Arrêt, an einem Zügel natürlich, das Übel allmählich beseitigen. Auch da sollten Sie konsequent sein.

Gehorsamkeitsübung und Korrekturhilfe: Rückwärtsrichten

Das undurchlässige Pferd in seiner schlimmsten Form ist aber wohl das, bei dem die Paraden schlecht – oder gar nicht – durchgehen. Pferde, die derart verritten wurden, sind schlechthin als lebensgefährlich zu bezeichnen. Sie können mit einem Fahrzeug verglichen werden, bei dem die Bremsen nicht mehr funktionieren. Die *Korrektur* muß also darauf ausgerichtet sein, dem Pferd die Parade wieder beizubringen. In der Methode beginnen wir mit den Übungen, die über die Undurchlässigkeit des Pferdes gesagt wurden (s. Seite 77 ff.) Es ist viel gewonnen, wenn wir das Pferdemaul erst einmal zum Kauen gebracht haben. Als nächstes reiten wir häufig *auf gebogenen Linien* – wenig auf der Geraden – und parieren im Remonte-Sitz (auch mit Stimme) auslaufend durch. Da unser Pferd jedoch keine Remonte ist, darf der Schenkel ruhig eine Handbreit rückwärts anliegen, denn das hat es ja schon gelernt, im Gegensatz zur Remonte, die noch nicht weiß, was man von ihr will. Wir üben das zunächst vom Schritt zum Halten und später vom Trab zum Schritt. Mit dem Galopp warten wir, bis die halben Paraden wirklich durchgehen. Die Tempi sollten reduziert sein und nie eilig. In der Zwischenzeit sitzen wir korrekt und aufrecht im Sattel, so wie es sich gehört. Wichtig ist, daß Sie bei vorgeschobenen Hüften, angespanntem Kreuz und bei etwas zurückgenommenen Unterschenkeln nach und nach erreichen, daß das Pferd wirklich darauf reagiert. Dabei dürfen Sie auch mal kräftiger zupakken, falls das Pferd büffelig sein sollte. Denken Sie dabei daran: Nie eine gröbere Parade mit beiden Zügeln und nicht nach unten, sondern nur einseitig mit aufwärtsgedrehter Zügelhand zur entgegengesetzten Schulter. Dieser gröbere Arrêt sollte nach einem kurzen, beidseitigen Sporenstich erfolgen, schlagartig und als Strafe.

Abkauenlassen an der Hand.

Sie können ein übriges tun und danach eine Pferdelänge *rückwärtsrichten*. Wenn sich nun aber das Pferd nicht rückwärtsrichten läßt? Dann gehen eben auch Ihre Paraden noch nicht korrekt durch und das Pferd hat den erwünschten Grad der Durchlässigkeit noch nicht erreicht. Andererseits ist das Rückwärtsrichten auch eine Gehorsamkeitsübung, die es irgendwann einmal gelernt hat. Wenn es plötzlich der Aufforderung nicht nachkommt, ist das ein Ungehorsam, der sich in der Verweigerung bis zum Steigen multiplizieren kann. Wir sollten uns allerdings sicher sein, daß die Weigerung, nicht rückwärtstreten zu wollen, nicht organisch bedingt ist. Ein gesundes Pferd muß rückwärtstreten können. Versuchen Sie nie, das Pferd mit brutalen Zügelanzügen vom Sattel aus rückwärtszuquälen. Es tut dem Pferd weh und ist äußerst schädlich für die Gelenke. Zunächst machen Sie eine Vorhandwendung; hierfür suchen Sie sich die leichtere Seite aus. Bei entlastendem Sitz versuchen Sie, mit dem Zügel jener Hand, um dessen Vorderbein sich das Pferd drehen soll, durch einen etwas stärkeren Zügelanzug das sich gerade abgehobene Hinterbein um eine Kleinigkeit seitwärts-rückwärtstreten zu lassen. Wenn Ihnen dies gelingt, haben Sie den ersten Erfolgsschritt getan. Loben Sie Ihr Pferd dafür entsprechend. Und bedenken Sie dabei: Sie können ein Pferdebein nicht zum Seitwärtstreten bringen, wenn es auf dem Boden steht; Sie können es nur beeinflussen, wenn es abgehoben hat.

Jeder falsche Zügelanzug oder Schenkeldruck erzeugt nur neuen Widerstand. Wenn Sie bei dieser Lektion den Oberkörper leicht nach vorn neigen, erleichtern Sie Ihrem Pferd den ersten Schritt nach seitwärts-rückwärts. Diese Übung sollten Sie zwar öfter machen, aber immer wieder durch Vorwärtsreiten unterbrechen. Dosieren Sie diese Arbeit jedoch gut, denn das Rückwärtstreten ist anstrengend und ermüdet.

Fehlerhaftes Rückwärtsrichten.

Wenn Sie eine Hilfe vom Boden aus haben, dann können Sie auch versuchen, das Pferd vom Sattel und vom Boden aus zum Rückwärtstreten zu animieren. Sicherlich ist Ihnen bekannt, daß das Pferd beim Rückwärtstreten diagonal tritt. Stellen Sie das Pferd also korrekt auf alle vier Beine; kontrollieren Sie das auch später immer wieder. Zudem sollte das Pferd stets »geschlossen« stehen. Ist ein Hinterbein zu weit zurück oder zur Seite gestellt, kann das Pferd mit dem anderen Bein nicht zurücktreten. Es ist ihm auch dann nicht möglich, wenn es wie ein »Sägebock« dasteht. Neigen Sie – für diese Übung – den Oberkörper etwas vor und lassen Sie Ihren Helfer mit der Gerte leicht wechselweise – bei jedem Tritt oder Trittversuch – an das linke und rechte Karpalgelenk klopfen. Vom Sattel aus unterstützen Sie ebenso wechselweise das Abfußen mit dem jeweiligen Zügel. Die Unterschenkel liegen eine Handbreit hinter dem Gurt. Begnügen Sie sich mit ein bis zwei Tritten, bleiben Sie stehen und loben Sie. Reiten Sie ein paar Pferdelängen vor und beginnen Sie von neuem. Benutzen Sie Ihre Stimme dazu, indem Sie deutlich das Kommando »zurück« geben. Es gibt – leider – sehr hartnäckige Fälle! Sollte sich Ihr Pferd beharrlich weigern und beim Versuch, zurückzutreten, steigen wollen oder gar zum *Steigen* kommen, dann hilft nur das energische Zupacken eines energischen Reiters, und zwar unmittelbar nach dem Steigen. Machen Sie bei extremer Stellung von Hals und Kopf einige Male die Mühle, wie auf Seite 44 beschrieben, und verbinden Sie diese mit dem Versuch, das Pferd dabei zum Rückwärtstreten zu bringen. Bei dieser extremen Kopf- und Halsstellung kann das Pferd nicht steigen. Es kann zwar auch nicht gerade zurücktreten; das spielt aber in diesem Fall keine Rolle, denn hat es einmal verstanden, was von ihm verlangt wird, ist es die kleinere Korrektur, das Pferd später gerade rückwärtszurichten. Oft kann es nützlich sein, wenn der Helfer selbst in die Zügel faßt oder das Pferd am Nasenrücken zurückdrückt. Sollte ein Pferd im Laufe dieser Arbeit dazu neigen, zurückzueilen oder nicht im ruhigen, diagonalen Takt rückwärtszutreten, dann versuchen Sie zunächst nur, ein bis zwei Tritte auszuführen, zum Halt zu kommen, vorwärtszureiten und mit beruhigender Stimme neu zu beginnen. Wenn das Pferd jedoch das Rückwärtseilen als Mittel anwendet, sich dem Einfluß des Reiters zu entziehen, und im Ungehorsam nicht auf die treibenden Hilfen reagiert, dann forcieren Sie zur Strafe das Tempo und geben bei etwas vorgeneigtem Oberkörper mit den Händen kurze, energische Zügelanzüge im Takt der zurückgehenden Vorderbeine. Nach einigen Pferdelängen nehmen Sie energisch und betont den Oberkörper zurück, machen die Beine ebenso energisch zu und reiten vorwärts, gegebenenfalls mit einem beidseitig energischen Sporenstich bei völlig freier Anlehnung, damit das Pferd auch nicht am Vortritt gehindert wird.

Nach all diesen Maßnahmen gilt es, das Pferd zum korrekten Rückwärtsrichten zu bringen, denn nach der Beseitigung der Widerstände beginnt die eigentliche Arbeit. Rückwärtsrichten will geritten werden, es ist ein Ausdruck absoluter Durchlässigkeit. Manchen Reitern ist es unbekannt, daß das Rückwärtsrichten auch ein Vorwärtsrichten ist. Ein korrekt gerittenes Rückwärtsrichten beginnen Sie damit, daß Sie die Hilfen zum Anreiten geben, dem Pferd jedoch beim Antritt den Schritt nicht herauslassen, sondern durch die durchhaltende Hand zu verstehen geben, daß es rückwärtstreten soll. Bei geradem Oberkörper und hinter dem Gurt liegenden Schenkeln bestimmen Sie die Zahl der Tritte.

Wichtig ist, daß Sie den Grad der Durchlässigkeit, den Sie bei Ihrem Pferd erreicht haben, auf jeden Fall erhalten müssen, wenn Sie ihn schon nicht weiter verbessern wollen oder können. Das heißt, daß Sie bereits bei dem geringsten Versuch des Pferdes, eine Parade nicht durchgehen zu lassen, reagieren müssen, und zwar sofort. Gehorsamkeit ist einfach unabdingbar; ohne sie wäre das Reiten ein Hasardspiel. Es gibt zwar im Grunde keinen absoluten Gehorsam – selbst Dressurpferde der höchsten Klasse haben irgendwann und irgendwo einen Fimmel, wo sie ganz einfach anderer Meinung sind oder schlicht nicht wollen –; aber den Grad des Gehorsams, nämlich daß der Reiter sein Pferd jederzeit in der Gewalt hat, muß jeder Reiter verlangen.

Pullen

Bevor wir auf das Durchgehen des Pferdes (Seite 92) eingehen werden, ist einiges Wesentliche über das Pullen zu bemerken. Pullende Pferde – im Pulk, im Gelände oder im Jagdfeld – können so nerven, daß einem fast der Spaß am Reiten vergeht. Je länger der Galopp dauert, um so müder werden die Arme, die Kraft läßt nach, und der Reiter hängt schließlich einwirkungslos wie ein Sack auf dem Pferd – das Ganze hat mit Reiten nichts mehr zu tun. Diese Pferde gehen zwar nicht durch, sie sind auch noch steuerbar, aber sie gehen so stark auf die Hand, daß sie selbst auf grobe Paraden kaum oder gar nicht mehr reagieren. Das Pullen kann oft seine Ursache im Temperament des Pferdes haben; dann ist es schwierig zu korrigieren, vor allem wenn es mit einer schwachen Hinterhand oder einem schwachen Rücken gepaart ist.

Pullende Pferde gehen immer mit tiefer Nase, indem sie sich mit ihrem »fünften Bein« kräftig auf die Hand legen. Oft ist es aber auch die Folge einer harten Hand, denn manchmal pullt ein Pferd zwar unter einem Reiter, unter einem anderen aber nicht. Der graduelle Unterschied zwischen einem Pferd, das auf die Hand geht, und einem pullenden Pferd ist nicht außerordentlich groß. Ist das Pullen kein vom Temperament bedingtes Verhalten und nehmen wir an, daß es auch nicht aus gravierenden Gebäudefehlern resultiert, die es dem Pferd schwer machen, im Gleichgewicht zu galoppieren, dann gelten die Anweisungen, die unter den Zeilen des auf die Hand gehenden Pferdes nachzulesen sind (s. Seite 78). Da nützen scharfe Paraden ebensowenig wie scharfe Gebisse. Das Übel würde

Das Pferd pullt, der Reiter hat sich festgezogen.

dadurch nur verschlimmert. Selbst die schärfste Kandare mit langen Unterbäumen, großer Zungenfreiheit und scharf geschnallter Kinnkette wird das im Maul stumpf gewordene Pferd nicht daran hindern, dem Reiter die Hand zu nehmen; sollte es dazu noch in Panik geraten, besteht letztlich die Möglichkeit des Durchgehens.

Auch für ein pullendes Pferd beginnt die *Korrektur* an der Basis der Dressurarbeit. Das Pferd muß lernen, wieder im Gleichgewicht zu gehen und an die Hilfen geritten zu werden; alle diese Übungen kennen wir bereits. Es sollte mit freundlicher Hand und absolut keinen scharfen Gebissen geritten werden. Dies geschieht nach kurzer Arbeit möglichst in der Halle, später auf dem Platz und, wenn dies durchzuführen ist, im Freien auf einer Wiese auf einem großen Zirkel im Kanter, im leichten Sitz mit angezogenem Kreuz (Entlastung im Rücken), aber mit treibenden Hilfen. Die Hände sind ruhig, auf dem Mähnenkamm aufgesetzt, aber immer bereit, vorwärts-abwärts nachzugeben, sie sind federnd in den Handgelenken und folgen jeder Regung des Maules. Legen Sie den Zirkel anfangs nicht zu groß an. Erst wenn Sie spüren, daß das Pferd im ruhigen Kanter unter Ihnen dahingaloppiert, vergrößern Sie den Zirkel, so weit es geht, und legen Sie ein paar Sprints ein, immer wieder vorsichtig – auch mit Stimme – eingefangen zum normalen Handgalopp. Sie werden spüren, wie elastisch Ihr Pferd Ihren Hilfen nachkommt. Sollte es eilig werden, reduzieren Sie das Tempo und gehen wieder auf einen kleineren Zirkel. Sitzen Sie den Galopp dabei im Vollsitz aus, bis Sie spüren, daß Ihr Pferd sich selbst trägt. Legen Sie Schrittpausen ein, mit hingegebenen, mindestens aber langen Zügeln. Die Galopps – auf beiden Händen – dürfen kein »Ereignis« mehr sein, und sie dürfen auf keinen Fall auch nur die Idee schneller sein, als Sie beabsichtigen – eher kürzer. Bilden Sie mit den Zügeln die »Brücke« über den Mähnenkamm. Sie unterstützt Ihre am Mähnenkamm rechts und links aufliegenden, beruhigenden Hände. Halten Sie nie mit den Händen weder fest und schon gar nicht zurück. Im Gegenteil; haben Sie eher die Tendenz, nach vorn nachzugeben. Wählen Sie für diese Arbeit ein weiches Gebiß. Probieren Sie es u. U. mit einer *Gummitrense,* benützen Sie aber keine Stange, sondern ein gebrochenes Gebiß. Und wählen Sie statt des hannoverschen Halfters ein *englisches Reithalfter* mit Pullriemen, um dem Pferd auf keinen Fall die Atmung zu erschweren, auch dann nicht, wenn Sie den Kinnriemen etwas enger schnallen müßten. Die Behinderung der Atmung kann ein Pferd durchaus in Panik versetzen. Untersuchen Sie deshalb, ob der Nasenriemen nicht vielleicht doch zu tief liegt und auf die nachgebenden Knorpelteile der Nüstern drückt; dies kann insbesondere beim hannoverschen Halfter geschehen.

Es gibt aber auch zum Pullen neigende Pferde, die über das *Hackamore* umzustellen sind. Sie sollten es versuchen, denn wie bei vielen Dingen in der Reiterei ist es nicht möglich, verbindlich vorauszusagen, ob etwas Erfolg hat oder nicht. Für die Freizeitreiterei, das Jagdreiten und das Springen kann das Hackamore eine Alternative sein. Um Ihre Korrektur nicht zu gefährden, sollten Sie es in dieser Periode der Rückerziehung vermeiden, in großen Pulks mitzugaloppieren; zwei, drei rücksichtsvolle Mitreiter sind eher geeignet. Meiden Sie starke Galopps! Reiten Sie im ruhigen Kanter mit betonter Rücksichtnahme auf das Korrekturpferd, wobei Sie zuvor herausfinden sollten, ob Sie am Kopf oder am Ende der Reitergruppe reiten. Wenn Sie auf Wiesen oder Flächen kommen, wo Sie galoppieren können (und dürfen!), dann stürmen Sie nicht gleich auf und davon. Traben Sie erst ein Stück und beginnen Sie den gewohnten, ruhigen Kanter erst viel später, als Ihr Pferd ihn erwartet. Denken Sie daran, daß Ihr Pferd genau spürt, daß es Sie eigentlich juckt, im Galopp davonzujagen – aber gerade das sollten Sie in diesem Zustand nicht tun! Besser ist es auch, auf ein Waldstück hinzugaloppieren als vom Wald weg in die Weite hinein. Denken Sie dabei an die erzieherischen Hintergründe: Ein Pferd wird in die Weite hinein eher zum Eilen veranlaßt als auf ein Waldstück zu.

Durchgehen

Das pullende Pferd galoppiert meist mit tiefer Nase. Im Gegensatz dazu geht das durchgehende Pferd meist über der Hand und mit erhobenem Kopf, es ist wenig oder kaum parierbar und steht nicht mehr an den Hilfen. Ein wirklich durchgehendes Pferd kann auf der Geraden kaum durchpariert werden, denn es reagiert auf keinerlei Zügelanzug mehr. Geht einem Reiter das Pferd auf einer größeren freien Fläche durch, kann er von Glück reden, wenn es ihm gelingt, es durch energisches Seit-

Durchgehendes Pferd.

wärtsziehen des Kopfes allmählich auf eine immer enger werdende Kreislinie abzuwenden. (Bei den meisten Pferden ist dies übrigens leichter nach links möglich.) Auf einer geraden Strecke, z. B. einem Waldweg, wird die Sache schwieriger. Im günstigsten Fall sollte der Reiter versuchen, bei extrem kurzen Zügeln mit den Fäusten so hoch zu kommen, daß er in die Höhe des Pferdemaules gelangt, damit er die notwendigen kräftigen – man kann ruhig sagen – Zügelrisse in die Maulwinkel anbringen kann. Würde er die Fäuste tief halten, würden sie von den Laden abgefangen. Es geht schlicht und einfach darum, sich durch jedes – auch unerlaubte – Mittel zu retten. Kräftige Sporenstiche, die ein stärkeres Vorwärtsreiten zur Folge haben, sind ebenfalls ein adäquates Mittel, um das Pferd von der Panik wegzuführen und wieder unter Kontrolle zu bringen. Keinesfalls ist es richtig zu glauben, das Pferd würde einem wieder gehorchen, indem man sich mit nach vorn gestreckten Beinen entgegenstemmt, den Oberkörper zurücklehnt und in den Zügeln hängt. Besonders schwierig sind Pferde mit tief angesetzten Hälsen, womöglich noch Hirschhälsen, mit schwachem Rükken oder auch Senkrücken. Diese Pferde sollten im übrigen zeitweise mit der Stirnlinie eher etwas hinter der Senkrechten geritten werden.

Das Pferdemaul

Auch einige Betrachtungen in diesem Zusammenhang über das Pferdemaul dürfen an dieser Stelle nicht fehlen. Wir wissen, daß ein Pferd mittels treibender Hilfen, mit Sitzeinwirkung bestehend aus Kreuz und Schenkel, geritten werden soll und die Zügel lediglich eine führende Funktion haben. Wir wissen aber auch, daß der Schenkel allein keine Gewalt über ein Pferd haben kann, wenn das Pferd dem Zügel derselben Seite nicht gehorcht. Das heißt also, daß der Zügel dem Schenkel der gleichen Seite Respekt verschafft. Nicht die Bearbeitung der Hinterhand, sondern die Beherrschung der Vorhand macht den Reiter zum Herrn über das Pferd. Erst wenn Kopf und Hals keine Widerstände mehr bieten, kann die Arbeit mit der Hinterhand beginnen. Das soll aber nun nicht bedeuten, ein Pferd sei von vorn nach hinten zu reiten. Es bedeutet lediglich, daß ich ein Pferd weder geraderichten noch versammeln kann, wenn es sich weder stellen noch biegen läßt.

Zungenfehler

Einen wesentlichen Anteil daran hat das Pferdemaul. Wir haben uns mit jenen Pferden beschäftigt, die gegen, auf, über oder hinter dem Zügel gehen. Wir kennen aber auch Pferde, die ganz besondere Techniken beherrschen, um dem Reiter mit Spielereien ihrer Zunge Kummer zu bereiten. Allgemein ist zu dem vielfältig auftretenden, fehlerhaften Verhalten zu sagen, daß dies fast immer auf das Konto des Reiters geht. Es gibt allerdings auch Ausnahmen bei den Zungenspielereien, die vererbbar sind. In jedem Fall lohnt es sich, auch die kleinste Ankündigung im Maulverhalten sofort zu beachten, und, wenn möglich, abzustellen. Denn werden diese Unarten erst einmal zur Gewohnheit, so sind sie nur sehr schwer zu beseitigen. Weiterhin ist zu sagen, daß es sich keinesfalls nur um Schönheitsfehler handelt. Ausnahmen sind jene wenigen Pferde, die von Geburt aus mit der Zunge spielen, sie hochziehen, im Maul herumwölben und sonstige Spielereien damit im Stall veranstalten, wenn das Gebiß noch nicht angelegt ist.

Dieser Zungenfehler kann Nervosität anzeigen, zumindest haben wir aber ein lebhaftes Pferd vor uns, dem man von vornherein die Trense möglichst hoch einschnallen sollte. Außerdem ist es in diesen Fällen ratsam, kein hannoversches Reithalfter zu verwenden, sondern z. B. das englische mit Pullriemen. Nasenriemen und Pullriemen müssen so verschnallt werden, daß das Pferd immer noch in der Lage ist, ein Stück Zucker (oder was immer) aufzunehmen. Meist sorgen die Pferde selbst dafür, daß sie nicht zu eng verschnallt werden: Sie bringen einfach die Zähne nicht ganz aufeinander. Es kann aber auch sein, daß Pferde, die aus Nervosität oder Mißbilligung dessen, was mit ihnen passiert, diese Unart zeitweise vergessen. Hier sollten Sie von vornherein wachsam sein, damit keine größere Untugend entsteht. Denn die letzte Konsequenz der Zungenspielereien ist der Entzug der reiterlichen Hilfen und zwar dann, wenn es dem Pferd gelungen ist, die Zunge über das Gebiß zu bringen. Der Entzug der Einwirkung auf das Maul wird komplettiert durch den Schmerz, den das Gebiß bereitet, das nun ohne Zungenpolster auf den blanken Laden liegt. Es sei nochmals betont, daß bei Pferden, die mit Zungenfehlern belastet sind, etwas falsch gemacht wurde; hier ist es kaum möglich, dieses Übel abzustellen.

Zunächst sollten Sie sich Art und Lage des Gebisses zum und im Pferdemaul ansehen. Bei *zu kurzer Maulspalte* kann das Gebiß zu tief liegen und dem Pferd die Möglichkeit geben, die Zunge darüberzubringen. Das gleiche kann bei einer *zu großen Trense* geschehen, weil deren Gelenk dabei zu tief zu liegen kommt. Ist im Maul alles in Ordnung, dann sollten Sie Ihre Reitweise überdenken. Hat das Pferd Schwierigkeiten im Genick oder im Rücken? Verlangen Sie zu viel, insbesondere von der Hinterhand, vielleicht auch manches zu früh, von einem jungen Pferd zum Beispiel? Stimmt das Stellen und Biegen nicht? Besonders dann, wenn das Pferd die Zunge auf einer Seite zeigt oder sogar heraushängen läßt, oft um einem quälenden Ladendruck zu entgehen, wird die Zunge als Polster benutzt. Hier kann die natürliche Schiefe eine Rolle spielen, denn wahrscheinlich hängt die Zunge auf der steifen Seite heraus. In diesem Fall müssen Sie den langen Weg beschreiten, das Pferd geradezurichten, es dabei aber auch möglichst »lang« – in die Tiefe – reiten. Die Versuche, Zungenfehler mit einer *Löffeltrense* beseitigen zu wollen, können, wenn sie frühzeitig unternommen werden, von Erfolg sein. Bei etablierten Zungenfehlern wird dies jedoch kaum möglich sein. Auch die Maßnahmen, Spielketten, Doppel- oder Dreifachtrensen einzuschnallen oder Roßhaar ins Trensengelenk einzuflechten, sind zweifelhafte Methoden. Kriminell möchte ich aber das Festbinden der Zunge mit einem Nylonfaden oder einem Bleckernetz nennen. Ein Zungenstreckergebiß, mit ungebrochener Stange und großem Löffel, ist besonders bei einer großen Zunge und einem schmalen Zungenkanal mit Vorsicht zu gebrauchen, denn auf keinen Fall dürfen dem Pferd Schmerzen bereitet werden, schon gar nicht im Maul.

Es wurde schon gesagt, daß Zungenfehler nicht einfach nur Schönheitsfehler sind, sondern daß sie sofort und umgehend beachtet werden müssen. Hat ein Pferd die Zunge wirklich über das Gebiß gebracht, müssen Sie sofort absitzen und sie wieder in die richtige Lage bringen. Dabei sollten Sie auch gleich das Gebiß höher schnallen. Warten Sie also nicht darauf, ob das Pferd es alleine schafft oder nicht. Kontrollieren Sie zugleich, ob Sie nicht vielleicht doch eine schmalere Trense verwenden sollten. Auch mehrfach gebrochene Trensen können nützen, denn sie liegen mit ihren Gelenken gerade auf der Zunge. Übrigens gibt es Pferde, die die Zunge nach vorn herausstrecken, allerdings meist nur wenige Millimeter, mitunter kaum sichtbar, besonders wenn das Maul Schaum zeigt. Das ist aber nun wirklich ein Schönheitsfehler, der sich u. U. bei sehr aufmerksamen Pferden zeigen kann.

Zähneknirschen

Das gleichmäßige, nicht sehr laute, taktmäßige Knirschen der Zähne bei geschlossenem, schaumigem Maul ist relativ harmlos; ein Schönheitsfehler, dem man nicht soviel Gewicht beimessen sollte. Diese Pferde befinden sich kaum in einer seelischen oder körperlichen Spannung; sie vermitteln eher den Eindruck eines gewissen Wohlbehagens. Schlimmer ist das heftige Knirschen, mit ärgerlich zurückgelegten Ohren und zeitweiligem Öffnen des Maules. Hier knistert die Spannung, und sie ist es, die beseitigt werden muß. Oft sind es Pferde, die zu schnell ausgebildet oder in der Ausbildung überfordert wurden. Wenn überhaupt Abhilfe möglich ist, dann durch Reduzierung der Anforderungen; am ehesten geschieht dies dadurch, daß man mit diesen Pferden eine längere Zeit einfach nur ins Gelände bummeln geht. Das entspannt, bringt das Pferd ins Gleichgewicht und kräftigt zudem die Rückenmuskulatur, besonders dann, wenn lange, flache Hänge im Schritt am langen Zügel geritten werden. Erst allmählich sollte das Pferd wieder in Arbeit genommen werden, bei der alle Übungen, die das Pferd zum Strecken bringen, absoluten Vorrang haben.

Das Zähneknirschen ist aber auch ein Ausdruck des Unbehagens, und die Ursache dafür muß gefunden werden. Die Maulhöhle sollte also untersucht werden. Eventuell störende Haken sollten durch den Tierarzt abgeraspelt bzw. sogar ein etwa vorhandener Vorbackenzahn gezogen werden. Auch sollte der Tierarzt prüfen, ob der Zahnwechsel richtig abgeschlossen ist, die Zähne richtig stehen und nicht die Schleimhaut verletzen können. Aber auch andere Störfaktoren sind möglich, so z. B. Schmerzen in der Wirbelsäule.

Gebißklappern

Ähnlich wie mit dem Zähneknirschen verhält es sich mit dem Gebißklappern. Es kann laut bei offenem Maul oder leise und verhalten bei geschlossenem Maul geschehen. Dieses leise Klappern, das dadurch entsteht, daß das Pferd bei geschlossenem Maul Kaubewegungen ausführt, wobei – bei Kandarenzäumung – das Trensenmundstück gegen die Kandarenstange klirrt, ist ein gutes Zeichen für ein wohlig unter dem Reiter gehendes Pferd. Das laute Gebißklappern bedeutet jedoch das Gegenteil: Es deutet auf eine nicht gleichmäßige Anlehnung hin und damit auf eine Unaufmerksamkeit dem Reiter gegenüber. Geschieht es bei Kandarenzäumung, sollte man zur Trense (das Pferd ist noch nicht kandarenreif) und zur Grundausbildung zurückgehen.
Einige kurze Bemerkungen zur *Kandarenreife:* Grundsätzlich ist zu sagen, daß man ein Pferd nicht zu früh auf Kandare zäumen sollte. Das Pferd muß in der vorbereitenden Trensenarbeit an die Zügel herangestreckt und geradegerichtet gehen, es darf weder vor-, auf-, ab- oder seitwärts ausweichen. Es muß sich links wie rechts gleichermaßen widerstandslos biegen lassen und darf sich nicht – weder aktiv noch passiv – der Versammlung widersetzen. Die Hebel der Kandarenanzüge müssen ohne den geringsten Widerstand vom Maul auf die Hinterhand einwirken können. Das heißt u. a., daß der Gang des Pferdes weder gehemmt noch ungleich werden darf, indem das Pferd sauber und willig durchs Genick tritt. Die Kandare beeinflußt durch ihre stetere und bestimmtere Wirkung aufkeimende Ansätze zu Versteifungen positiv, jedoch muß eine vorangehende Trensenarbeit die grundsätzliche Vorbereitung dazu sein.

Das widersetzliche Pferd

Wenn man von der Erkenntnis ausgeht, daß Pferde in den seltensten Fällen mit Unarten oder Untugenden geboren werden, dann darf man folgern, daß widersetzliche Pferde das Produkt menschlichen Fehlverhaltens sind. Pferde sind zwar auch nicht immer Engel, aber vom Reiter müßte man verlangen können, daß er die Veranlagung seines Pferdes erkennt und sein Verhalten – reiterlich wie pädagogisch – entsprechend einrichtet. Es scheint indessen, daß entweder die Kenntnisse oder (und) die Fähigkeiten dazu oft nicht ausreichen, denn sonst wäre die Zahl der verrittenen Pferde nicht so groß; man denke nur an all die bockenden, buckelnden, scheuenden, steigenden Pferde usw. Die Möglichkeiten, sich zu widersetzen, sind zahlreich, und es ist erstaunlich, welcher Listen sich Pferde bedienen, um sich dem Willen des Reiters entziehen zu können. Ebenso erstaunlich ist es festzustellen, daß sogar bis zu den höchsten Klassen ausgebildete Dressurpferde auch ganz einfach einmal ungehorsam sein können, und zwar massiv! Gemeint sind nicht nur die Plänkeleien, die sich ergeben können, kleine Reibereien, die der Arbeit im übrigen die richtige Würze verleihen, um sie schmackhafter zu machen; nein, richtiggehende Widersetzlichkeiten, wo es z. B. darum geht, um keinen Preis bei der Siegerehrung stillzustehen, sich die Schleife anheften, geschweige den Kranz über den Kopf stülpen zu lassen, zu steigen und sich weiß Gott wie zu gebärden – obwohl man das ja schon alles kennt. Wie oft sind höchst ausgebildete Pferde aus dem Dressurviereck gesprungen – aus den nichtigsten Anlässen!
So ganz sicher sollte man sich seiner Pferde nie sein, Ausbruchversuche werden wir immer wieder erleben. So müssen wir Wert darauf legen, daß auch das wohlausgebildetste Pferd bis zur höchstmöglichen Grenze gehorsam ist. Und dieses Ziel muß

vom ersten Tag der Ausbildung an konsequent verfolgt werden. Trotzdem wird keiner, der mit Pferden zu tun hat, jemals mit der Ausbildung seines Pferdes – und der seinen – fertig sein, denn immer wieder wird er dem Pferd etwas Neues beibringen können oder Altes vervollkommnen müssen. Jedes Pferd ist anders, ein Individuum in seiner Abhängigkeit von Umgebung, Stimmung und nicht zuletzt von seiner ererbten Veranlagung. Die Ausbildung wird zwar nach gewissen Richtlinien vor sich gehen, die wiederum Erkenntnisse sind aus langen, traditionsgebundenen Reitmethoden; und trotzdem wird man bei jedem Pferd vor Probleme gestellt werden, die eine individuelle Abwandlung der erkannten Methoden erfordern.
Je konsequenter indessen die Ausbildung geschieht, desto schneller und besser wird das Pferd lernen. Es gibt zwar Pferde, die einfach nicht mitmachen wollen, früh erkannt bringt man sie dennoch zu einer gewissen Bereitschaft. Dabei ist es wesentlich zu erkennen, daß das Pferd vor allem begreifen lernen muß, was man von ihm verlangt. Zahlreiche Widersetzlichkeiten entstehen aus dem Nicht-begriffen-Haben. Irgendwann hakt es bei dem malträtierten Pferd einfach aus, es ist sauer – und schon ist die Widersetzlichkeit da. Spürt es aber, daß es sich auf den Reiter verlassen kann, daß er es nicht quält, und akzeptiert es schließlich dessen Anweisungen, wird es soweit kommen, daß es bei schwierigeren Anforderungen schließlich seinen natürlichen Instinkt zugunsten des Gehorsams vergißt. Je größer diese Abhängigkeit des Pferdes vom Reiter wird, um so schwerer wird es dem Pferd fallen, ungehorsam zu sein. Diesen größtmöglichen Gehorsam gilt es zu erringen. Zwar wird er, wie schon oben angedeutet, nie hundertprozentig zu erreichen sein, aber allein schon aus Gründen der persönlichen Sicherheit des Reiters muß er unabdingbare Notwendigkeit werden.

Schreckhaftigkeit

Die Schreckhaftigkeit der Pferde ist ja oft das auslösende Moment zum Ungehorsam. Nur sind die Folgen des Erschreckens bei einem gehorsamen Pferd kalkulierbarer. Ob ein Pferd, nachdem es – aus welchem Grund auch immer – erschrocken ist, einfach nur wegspringt, um zunächst einmal den für ihn nötigen Sicherheitsabstand zu gewinnen, oder ob es panikartig und außer Kontrolle des Reiters davonstürmt, ist wohl zweierlei. Weshalb und wovor Pferde im einzelnen erschrecken oder scheuen, ist wohl nie zu ergründen, es ist auch individuell verschieden. Für das eine Pferd ist der aus dem Gebüsch auffliegende Vogel ein erschreckendes Ereignis, für das andere indessen kein Grund zur Aufregung; eher schon der weiße Fleck da am Wegesrand – eine Papier- oder Plastiktüte, wie man nachher unter vielem Anschnauben feststellen kann! Zunächst einmal ist das Pferd instinktiv auf Flucht eingestellt, und von einem erschreckten Pferd kann man kaum verlangen, daß es Befehle befolgt; es befindet sich in einem Zustand der Unsicherheit und Furcht, in dem es sogar die elementarsten Bedürfnisse wie Fressen und Fortpflanzung in keiner Weise interessieren. Der Moment des Erschreckens löst augenblicklich den Impuls Flucht aus, ohne zu fragen, worüber es erschrak. Da die Wahrnehmungsorgane – Auge, Nase, Ohr – außerordentlich fein ausgebildet sind, ist die ständige Flut der Eindrücke entsprechend groß – bedeutend größer als beim Menschen – und damit auch die Quelle der Möglichkeiten, vor irgend etwas zu erschrecken.
Pferde, die viel im Gelände geritten werden, werden bald ruhiger. Sie gewöhnen sich an vieles, was sie früher aufgeregt hat. Der Einfluß eines ruhigen Reiters festigt zusätzlich das Verhalten. Pferde, die ausschließlich in der Halle geritten werden, können im Gelände zu Nervensägen werden, auch dann, wenn sie dressurmäßig als

absolut gehorsam zu bezeichnen sind. Ebenfalls sind Pferde, die oft Weidegang haben, im Gelände generell ruhiger zu reiten als jene, die den lieben langen Tag nur Stallwände vor der Nase haben. Es ist ohnehin nicht zu verstehen, weshalb so mancher Dressurreiter sein Pferd nicht regelmäßig im Gelände bewegt. Der Vorwand, es könne sich verletzen, ist wohl genauso abwegig wie der, daß es dadurch »auseinanderfalle«. Erstens ist das eine Frage des Geländes, und das kann man sich ja aussuchen, zweitens ist es ganz einfach Unsinn, weil sich dabei berechtigte Zweifel an der Ausbildung anmelden mit der Frage, was wohl unter einer korrekten Versammlung verstanden wird. Übrigens ist es erstaunlich, wie oft aus Gründen der reinen Bahnarbeit Dressurpferde im Gelände gar nicht so folgsam sind. Die Durchlässigkeit und der Schenkelgehorsam sind bei weitem nicht in dem Maße gegeben wie auf dem Viereck. Den absoluten Gehorsam gibt es ohnehin nicht, aber genausowenig sollte ein Pferd absolut ungehorsam sein. Auf dem Viereck oder im Parcours bereitet es höchstens den Zuschauern Vergnügen, im Gelände jedoch kann die Sache gefährlich werden – für beide Teile und Dritte außerdem. Die Skala der Widersetzlichkeiten ist nahezu unbegrenzt, und wir wollen uns im Zusammenhang mit unserem Thema der Reihe nach die Möglichkeiten anschauen, deren sich verrittene Pferde bedienen können.

Scheuen

Wenn auch, was das Scheuen anbelangt, noch ein genereller Hinweis über das Sehen des Pferdes nötig sein wird, so ist doch andererseits die Art, wie Pferde scheuen, durchaus unterschiedlich. Viele Pferde können plötzlich vor Gegenständen scheuen, die sie zu anderen Zeiten überhaupt nicht notiert haben; dagegen können sie Objekte, vor denen sie einmal gescheut haben, dann wieder überhaupt nicht wahrnehmen, und besonders junge Pferde lassen sich gern anstecken zum Scheuen, nur damit sie einen Anlaß finden, Dummheiten machen zu dürfen. Beim Zureiten junger Pferde wird oft – aus z. T. berechtigter, aber andererseits auch übertriebener Fürsorge – der Fehler gemacht, jeder ihrer Neigungen nachzugeben, z. B. sich bei schiefgestelltem Kopf mit schnaubenden Nüstern über einen Gegenstand aufregen zu dürfen, statt von vornherein an dem furchterregenden Gegenstand mit Gegenbiegung betont vorwärtszureiten, um somit möglichst keine besondere Neugierde aufkommen zu lassen. Dieses Stehenbleiben, Sich-aufregen-Wollen darf sich der Reiter auf gar keinen Fall andauernd gefallen lassen. Man sollte dagegen ganz einfach zur Tagesordnung übergehen und nach Möglichkeit mit Gegenbiegung vorwärtsreiten. Je weniger Aufsehen, um so besser, denn desto eher überwinden Pferde die Scheu. Besonders nervöse Pferde nehmen gern jede Gelegenheit wahr, sich aufregen zu dürfen, und dies kann und sollte man unterbinden. Es muß ganz einfach nicht sein, daß jeder auffliegende Vogel ein Grund sein darf, davonzugaloppieren. Ein wenig Erziehung sollte da wohl angebracht sein.

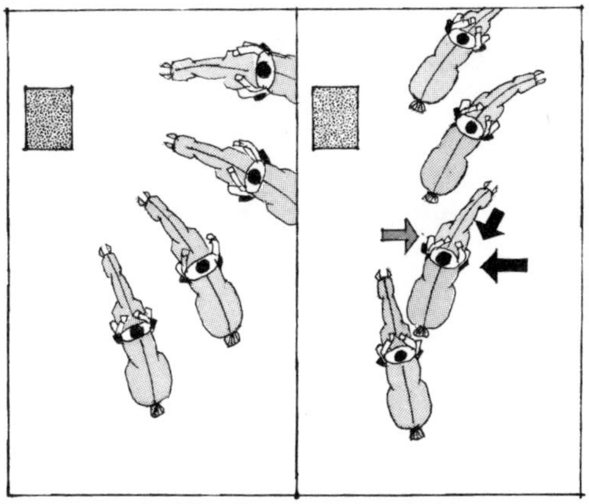

Ein scheuendes Pferd ist mit weniger Problemen an dem bewußten Gegenstand vorbeizubringen, wenn man es davon abwendet (siehe rechts).

Sehen

Zum besseren Verständnis der anderen Sehweise des Pferdes vorab einige Erklärungen hierzu: Das Pferdeauge – im Gegensatz zum menschlichen Auge – liegt seitlich (wenn auch besonders bei Blütern eine Tendenz zu weniger seitwärts gerichteten Augen besteht), die Augenachsen divergieren dabei erheblich. Die menschlichen Augenachsen sind parallel und erfassen das Sehbild mit beiden Augen zugleich plastisch und scharf. Das Pferdeauge dagegen sieht weniger plastisch und scharf, hat jedoch einen weitaus größeren Blickwinkel; er beträgt nahezu 360 Grad. Man kann es vergleichen mit einem extremen Weitwinkelobjektiv (»Froschauge«), im Gegensatz zu dem »Normalobjektiv« des Menschen und dem »Teleobjektiv« eines Raubvogels. Dieser Rundumblick des Pferdes erlaubt es ihm, z. B. beim Grasen nahezu seine gesamte Umgebung im Blick zu haben. Zudem ist die Hornhaut des Pferdes in vertikaler Richtung stärker gekrümmt als in horizontaler, was eine gewisse Verzerrung zur Folge hat. Man spricht von einer Stabsichtigkeit: Punktartige Gegenstände erscheinen in Form von Stäben. Die ovale Pupille kann größere Helligkeit ertragen. Eine hinter der Netzhaut befindliche, fluoreszierende Schicht verstärkt die Lichtempfindlichkeit des Auges, wodurch es zum besseren Sehen bei Dunkelheit befähigt wird. Nach W. Blendinger kann zusammenfassend gesagt werden:

Gesichtsfeld von der Seite bei erhobenem Kopf.

1. Das Pferd sieht nicht schlechter und nicht besser als der Mensch, sondern gänzlich anders, so daß wir uns seine tatsächliche Art zu sehen nur begrenzt vorstellen können.
2. Das Pferd sieht einen Umkreis von beinahe 360 Grad gleichzeitig relativ gut, jedoch nicht so scharf wie der Mensch einen einzelnen Punkt.
3. Da das Pferd nicht beide Augen auf einen bestimmten Punkt zu richten vermag, dürfte das perspektivische Taxieren schwieriger sein als für den Menschen.
4. Gewohnt, gleichzeitig zahlreiche Dinge zu beobachten, fällt es dem Pferd schwer, sich nach vorn auf ein bestimmtes Objekt zu konzentrieren. Zur Ausbildung des Springpferdes gehört es dem-

Gesichtsfeld von oben bei erhobenem Kopf.

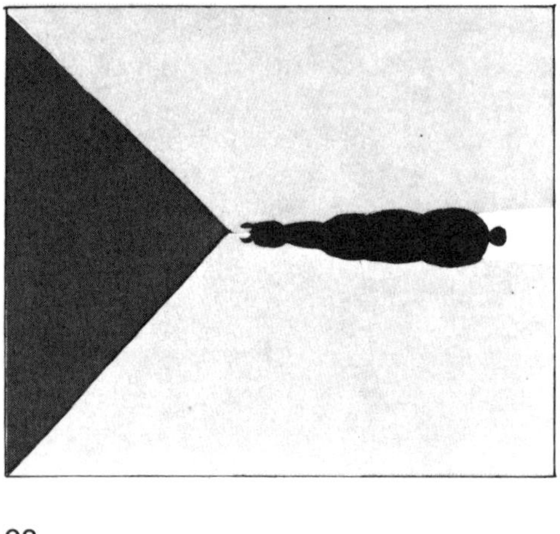

Gesichtsfeld des Pferdes von der Seite.

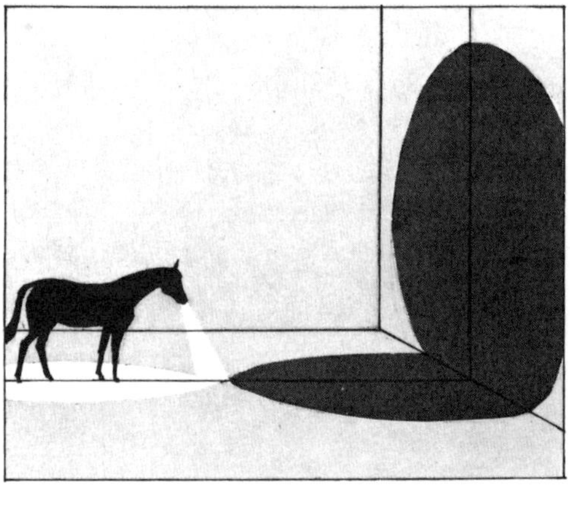

nach auch, es im richtigen Sehen zu schulen.

5. Die Anpassungsfähigkeit an grelle Beleuchtung und nahezu völlige Dunkelheit ist sehr viel größer als die des Menschen. Dagegen geht die Adaption an rasch wechselnde Helligkeit vermutlich langsamer vor sich.
6. Die Bewegungssehschärfe ist der des Menschen überlegen.
7. Das Pferd erkennt zwar die Farben Rot, Gelb, Grün und Blau, jedoch in anderer Intensität als der Mensch, nämlich Gelb und Grün deutlicher als Blau und Rot.

Nicht registriert wird vom Pferd der Gesichts*ausdruck*. Es spielt also keine Rolle, ob Sie beim Longieren Ihrem Pferd ein »Pfui« mit lachendem Gesichtsausdruck oder ob Sie ein »Brav« mit finsterer Miene ausrufen. Aufregender wäre es für Ihr Pferd dagegen, wenn Sie plötzlich einen überdimensionalen Sombrero auf dem Kopf trügen oder vielleicht einen Regenschirm statt der Longierpeitsche in der Hand hielten. Pferde sind überaus ängstliche Tiere und reagieren prompt auf für sie bedrohliche und unheimliche Dinge mit ihrem Fluchtinstinkt. Die menschliche Reaktion wird durch die Wertung des »gefährlichen« oder »ungefährlichen« Objektes gebremst, denn im Gegensatz zum Pferd, das erst einmal wegläuft, registriert das menschliche Gehirn abwägend die Fakten, ehe die Anweisung zum Handeln erfolgt. Wie schon angedeutet, ist es nicht richtig, jeden Anlaß zum Scheuen zu akzeptieren oder gar zu unterstützen, indem man das Pferd an jeden »aufregenden« Gegenstand heranführt. Ebensowenig ist es richtig, jedes reflexartige Wegspringen mit Prügeln zu bestrafen, denn Ihr Pferd gehorcht ja aufgrund seiner dem menschlichen Auge überlegenen Bewegungssehschärfe zunächst seinem Instinkt. Sie sollten Ihr Pferd aber auch nicht dafür loben, daß es weggesprungen ist. Besser ist es, Sie wappnen sich vor solchen Eventualitäten und sitzen gut geschlossen im Sattel. Im allgemeinen verliert sich die Schreckhaftigkeit mit zunehmendem Alter, besonders dann, wenn die Pferde oft und regelmäßig ins Gelände geritten werden und Vertrauen zu ihrem Reiter haben. Natürlich ist es angenehm, mit hingegebenen Zügeln durch die Landschaft zu pilgern, doch leider ist das nicht mit jedem Pferd möglich und auch nicht überall. Da kann es schon zu Situationen kommen, die für Überraschungen gut sind. Pferde »erahnen« auch solche Überraschungen früher als der Reiter, ihr Ohr ist besser und die Nase auch. Jedenfalls ist es mitunter einfach leichtsinnig, die Zügel auf den Hals zu legen, denn ehe Sie zum Zügelaufnehmen kommen, kann schon einiges passiert sein. Natürlich sollten Sie nicht aus Ängstlichkeit das Pferd ständig in voller Anlehnung reiten, denn auch Unsicherheit überträgt sich auf das Pferd. Aber Sie sollten durch Ihre Zügelhaltung ständig bereit sein, ein etwaiges Wegspringen auffangen zu können. Je schneller Sie reagieren, um so besser – aus Sicherheits- und aus erzieherischen Gründen.

Und wie schon gesagt: Strafen Sie nicht, Ihr Pferd kann nichts dafür, daß es so reagiert. Es wird schließlich nicht nur vor seiner eigenen Reaktion Angst haben, sondern dazu auch noch vor der Strafe. Sie müssen sehr viel Geduld haben, gerade bei diesen Reaktionen. Bedenken Sie auch, daß dieses Wegspringen mitunter eine Äußerung des Übermutes ist, denn es gibt Pferde, die gern jede Möglichkeit ergreifen, ihrer Kraft Ausdruck zu verleihen. Die Strafe versteht das Pferd also nicht, sie bringt den inneren Zustand des Pferdes eher noch mehr in Unordnung. Zeigen Sie Ihrem Pferd vielmehr, daß es keine Veranlassung hat, sich aufzuregen.

Sind Sie auf Ihrem Ausritt nicht allein, hilft Ihnen vielleicht die Gegenwart eines Reiters mit einem ruhigen Pferd. Pferde sind nun einmal verschieden, und wenn Sie ein

Führen Sie Ihr Pferd nie so! Nehmen Sie die Zügel vom Hals!

Pferd Ihr eigen nennen, das sich leicht und schnell über bestimmte Dinge aufregt und kaum zu beruhigen ist, dann müssen Sie konsequenterweise tunlichst diese Dinge zu vermeiden suchen. Dies gilt besonders für unbewegliche Objekte, die so herumstehen oder -liegen, wie Ackermaschinen, Holzstöße, Feldscheunen, irgendwelche Säcke oder Tüten oder was es auch immer sein mag. Stellen Sie das Pferd, wie in der Abbildung gezeigt, schon von vornherein, sobald Sie ahnen, daß etwas Unerwartetes oder Außergewöhnliches (im Sinne des Pferdes) auf Sie zukommt. Wenn gar nichts hilft und es in der räumlichen Situation ratsam sein sollte, abzusitzen, führen Sie das Pferd stets an der Seite, vor der das Pferd scheut – auch dann, wenn es die rechte Seite sein sollte. Sie können sich selbst ausrechnen, was möglicherweise passiert, falls Sie auf der falschen Seite führen! Und führen Sie Ihr Pferd ordnungsgemäß, auf keinen Fall mit den Zügeln über dem Hals. Sie haben keinerlei Chancen, wenn das Pferd plötzlich wegspringt. Bei aller Nachgiebigkeit und Losgelassenheit sollte der Reiter gut am Pferd sitzen, falls es doch einmal kehrtmacht. Das Pferd muß spüren, daß sein Reiter nicht bereit ist, irgendeinen Unfug zuzulassen. Trainieren Sie Ihr Pferd auf solche Dinge. Früher wurden in den Remonte-Abteilungen in der Halle oder auf dem Platz die Pferde damit überrascht, daß plötzlich große Papierbogen auf dem Hallenboden lagen. Beim Vorbeireiten fielen zudem noch Erdbrocken auf das Papier, es raschelte, und die Pferde erschraken – oder auch nicht. Ein gutes Training. Aufmerksame Pferde notieren ohnehin jede Veränderung ihrer gewohnten Umgebung. Alles, was plötzlich anders ist als vorher, wird registriert und muß untersucht werden. Obwohl einerseits die Forderung nach absoluter Stille, z. B. bei großen Dressurprüfungen oder aber auch bei intensiver Arbeit in der Halle, verständlich ist, hat es andererseits Beweise gegeben für unglaublichen Gehorsam und Vertrauen von Pferden, die plötzlich mit noch nie erlebten Überraschungen konfrontiert wurden: spektakuläre Gewittergüsse mit Blitz und Donner während einer Dressur- oder Springprüfung, wegfliegende Zeitungen oder Programmhefte, Hunde, die plötzlich in eine Vorführung hineinrasen, nicht zu reden von flatternden Fahnen, blendenden Scheinwerfern und der übrigen Hektik bei Veranstaltungen. Nicht alle Pferde reagieren gleich, und kein Pferd ähnelt in seiner Verhaltensweise dem anderen, aber gewisse Möglichkeiten der Gewöhnung gibt es.

Bodenscheue Pferde

Übertrieben bodenscheue Pferde können durch eine Beeinträchtigung ihres Sehvermögens sehr nervös reagieren. In einem solchen Fall muß sich der Reiter damit abfinden. Es ist jedoch absolut ratsam, die Pferde bewußt mit allen möglichen überraschenden Gegenständen in der Bahn oder auf dem Platz bekannt zu machen. Der Phantasie sind da keine Grenzen gesetzt. Das gleiche gilt für den Lärm, auch wenn Sie meinen, daß Sie ja kein Polizeipferd brauchen. Es ist in jedem Fall besser, ein etwas abgebrühteres Pferd – besonders im Gelände – zu haben als einen nervösen

Zampel, der über jeden Vogel erschrickt. Von Natur aus geht ein Pferd nach Möglichkeit lieber um eine Pfütze herum als hindurch. Aber auch da gibt es Unterschiede, und Sie werden es zu schätzen wissen, nicht wegen jedes kleinen Rinnsals oder jeder lächerlichen Pfütze Kämpfe ausfechten zu müssen, nur weil Ihr Roß nicht darüber oder hindurch will.

Nach dem Grundsatz, daß die Arbeit mit dem Pferd und die Erziehung des Pferdes im Stall beginnt, können Sie dieser Scheu vor Wasser bereits im oder vor dem Stall begegnen, z. B. beim Hufwaschen oder beim Waschen des ganzen Pferdes an warmen Tagen, und wenn Sie einmal an einem Regentag oder nach einem Regen ins Gelände gehen, werden Sie viele Möglichkeiten finden, Ihr Pferd an Pfützen zu gewöhnen. Ein Pferd, das vor Wasser scheut – vor allem dann, wenn keinerlei Schwierigkeiten damit verbunden sind –, steht ganz einfach nicht im Gehorsam, und diese Verweigerung sollten Sie nicht dulden. Natürlich darf es Ihnen dabei nicht passieren, daß Sie beim Überwinden eines lächerlich erscheinenden Rinnsals in tiefem oder morastigem Boden steckenbleiben. Wundern Sie sich dann bitte nicht, wenn damit das Vertrauen Ihres Pferdes in Sie auf Null sinkt. Auch bei dieser Gewöhnungsarbeit brauchen Sie u. U. viel Geduld, und ehe Sie womöglich – zudem noch sinnlos – zu prügeln anfangen, sollten Sie andere Möglichkeiten ausschöpfen. Hängen Sie sich, wenn möglich, bei Ihren Ausritten an ein Führpferd an. Wenn das nicht geht oder die anderen Pferde sich ebenso weigern, umreitet vielleicht einer der Reiter das Hindernis, um sich auf die andere Seite zu stellen. Das kann helfen, die anderen zum Durch- oder Darüberreiten zu animieren. Unter Umständen hilft auch ein Absitzen und Führen. Suchen Sie die leichteste Stelle aus und steigern Sie die Anforderung, bevor Sie an der schwierigsten Stelle beginnen – und prügeln Sie nicht; ein gezielter Schlag hilft besser.

Bei allen diesen Aktionen halten Sie Ihr Pferd nicht fest, sondern geben Sie Luft, dirigieren Sie mit Gesäß und Schenkeln, lassen Sie Ihr Pferd den Hals lang machen, und wenn es plötzlich springt, halten Sie sich lieber im Sattel oder an der Mähne fest, als daß Sie im Maul reißen. Dasselbe gilt, wenn Sie allein sind. Lassen Sie es nicht zum Kampf kommen, auch dann nicht, wenn Sie glauben, daß Ihr Pferd immer wieder verweigern wird, wenn es dies an dieser Stelle einmal getan hat. Auch da ist es ratsam, etwas Leichteres auszusuchen. Des weiteren ist es vollkommen unsinnig, wegen eines Bächleins minimaler Breite im Karacho heranzudonnern, um dann doch stehenzubleiben. Springt das Pferd mit einem »Anlauf« von wenigen Metern nicht, nützen 50 Meter auch nichts. Denn dabei hat das Pferd eher die Möglichkeit – zumeist nach links (siehe Schiefe!) –, über die Schulter zu verschwinden. Probieren Sie, wie schon gesagt, etwas Leichteres. Versuchen Sie es, wenn möglich, von der anderen Seite. Teilen Sie es sich so ein, daß Sie Richtung Stall an das Hindernis herankommen, und nochmals: Prügeln Sie nicht! Es kann passieren, daß Sie mit Ihrem Pferd (ohne Übertreibung) eine Viertelstunde oder länger an diesem Fleck stehen müssen, bis es plötzlich von allein darüber- oder durchgeht.

Hat alles nichts geholfen, dann kehren Sie mit zwei, besser drei Hilfen an den Ort der Scham zurück – oder an eine ähnliche Stelle – und lösen das Problem mit der Longe. Die Longe (oder ein Seil) wird um die Kruppe oberhalb der Sprunggelenke geführt und der Reiter hält das Pferd gerade, damit es weder nach links noch nach rechts wegspringen kann; dabei führt er es breit und zieht nicht oder hält fest, sondern gibt Luft nach vorne. Die beiden Helfer an der Longe ziehen das Pferd vorwärts, und der dritte schiebt oder hilft mit der Peitsche nach – ohne zu prügeln. Das Ganze geschieht ohne Geschrei, aber mit Bestimmtheit. Steht

Schnappschuß eines ängstlichen Pferdes, das eigentlich verweigern wollte. Wie ein Hubschrauber hob es sich mit allen Vieren zugleich ab.

das Pferd erst einmal mit den Vorderbeinen am Wasserrand, kann es von Nutzen sein, wenn ein Helfer die Beine mit Wasser besprengt. Gewonnen ist das Spiel dann eigentlich schon, wenn sich das Pferd dies gefallen läßt. Das Weitere ist eine Sache der Geduld und des Nützens des richtigen Moments. Es kann aber ebenso passieren, daß das Pferd mit einem Riesensatz vorwärtsspringt; darauf muß der Reiter gefaßt sein und darf um keinen Preis das Pferd im Maul reißen.

Nach diesem erfolgreichen Versuch sollten Sie dasselbe noch zwei- oder dreimal wiederholen und sich damit für diesmal zufriedengeben. Sollte es bei dieser Arbeit zu echten Widersetzlichkeiten, beispielsweise zum Steigen, kommen, kann man annehmen, daß sich dieses Pferd bei anderen Gelegenheiten ebenfalls durch Steigen widersetzen wird bzw. sich schon widersetzt hat. Ich würde in diesem Fall das Steigen an einer solchen Stelle nicht provozieren und schon gar nicht korrigieren. Dazu ist die Situation wahrscheinlich nicht geeignet. Die Korrektur muß von Grund auf vorgenommen werden. Wir kommen auf diesen Punkt noch eingehend zu sprechen.

Bleiben wir noch ein wenig bei unserem Bach oder Gewässer. Pferde, die viel im Gelände geritten werden, sollten ganz einfach sicher über kleinere Gräben zu reiten sein. Wenn diese oben geschilderte Klippe überwunden ist, wird der weitere Weg nicht so schwierig sein, besonders dann, wenn das Pferd Vertrauen gewonnen hat und einen Bach nicht sofort mit Prügel in Verbindung bringt. Einen Graben von 2 Metern zu überspringen, bedeutet für das Pferd nicht mehr, als daß es einen erweiterten Galoppsprung tun muß – und das kann jedes Pferd. Es ist eine Sache der Erziehung zum Gehorsam. Ist kein Wassergraben vorhanden, kann man mit Hilfe einer Silberfolie einen vortäuschen. Zur Sprung- und Absprungerleichterung sollte man ihn überbauen und eine kleine Bürste beim Absprung hinstellen. Die Breite der »Wasserfläche« kann gesteigert werden, wenn das Pferd erst einmal bereit ist zu springen.

Zum Abschluß dieses Themas wäre wohl noch zu bemerken, daß es immer wieder Pferde geben wird, die eine geringere oder größere Abneigung gegen Gräben haben, was z. T., wie schon gesagt, seine Ursache im Sehvermögen hat. Diese Pferde werden

Der Reiter verhält sich richtig bei einem überraschenden Sprung.

Eine Möglichkeit, ein Pferd ins Wasser zu bringen: mit viel Geduld und Ruhe – und ohne Prügel!

wohl immer unsicher und unberechenbar bleiben, und man muß sie nicht gerade in Prüfungen reiten, bei denen ein Graben das Kriterium darstellt. Bei Spazierritten wird man halt die Konsequenzen daraus ziehen müssen und sich einen anderen Weg suchen, wo es keinen Graben oder Bach zu durchqueren gibt. Alles das als ultima ratio für den Fall, daß das Pferd bodenscheu ist oder kein Vertrauen zum Reiter finden kann.

Verweigern

Zur Ausbildung des jungen Pferdes gehört auch das Springen. Dies ist nicht im Sinne einer Spezialausbildung zu verstehen, sondern im Rahmen der normalen Grundausbildung. Wurden im Verlauf dieser Ausbildung keine Fehler gemacht, wird jedes normale Pferd auch die üblichen Hindernisse springen – je nach Veranlagung gut oder weniger gut. Von Natur aus wird es immer Unterschiede in der Springmanier geben, schon aufgrund der verschiedenen Temperamente und körperlichen Veranlagungen. Uns interessieren hier nicht der Stil und die möglichen Springfehler, sondern auftretende Ungehorsamkeiten wie *Ausbrechen* und *Verweigern* vor Hindernissen normaler Abmessungen, die jedes Pferd zuverlässig zu springen vermag. Wir müssen zunächst einmal sicher sein, daß der Grund des Verweigerns keinem körperlichen Mangel entspringt. Gründe können sein: Lahmheit, Schmerzen im Rücken, falscher Beschlag, Hufrolle, Sehnenschaden, um nur einiges zu nennen.

Wenn Pferde anfangen zu verweigern, kann man sicher sein, daß der Reiter einen Fehler gemacht hat. Viele Pferde werden aus Unkenntnis bereits in der Ausbildung zum Verweigern erzogen, schon allein durch Überforderung. Da werden beim Ausprobieren im Freispringen die Hindernisse immer höher gestellt – man will ja wissen, was er alles springt –, und irgendwann bleibt er halt stehen, der »Bock«. Da werden junge Pferde zu früh und mit viel zu hohen Anforderungen eingesprungen; ist es da verwunderlich, daß diese Pferde plötzlich nicht mehr mögen? Da wird von Turnier zu Turnier gezogen, jeden Sonntag, und in der Woche wird auch noch gesprungen. Und dann ist das Erstaunen groß, wenn diese Pferde sauer werden; vielleicht wird dann sogar geprügelt. Welches Pferd springt dann noch, und wenn, dann nur aus Angst. Eingefleischte Verweigerer zu korrigieren ist schwer.

In allen diesen Fällen ist das Vertrauen zum Reiter geschwunden und muß neu gewonnen werden. Die Arbeit hat mithin an der Basis zu beginnen. Das Vertrauen eines Pferdes zu gewinnen kann lange dauern; es wiederzugewinnen dauert meist bedeutend länger. Im allgemeinen können junge Pferde im ersten Ausbildungsjahr sehr vertrauensvoll sein. Dieses Vertrauen sollte gehütet und gehegt werden wie eine kostbare Blume. Wenn solch ein junges Pferd im Laufe der ersten Grundausbildung aus irgendeinem Grund einmal stehenbleibt und diese Verweigerung zu einem Drama hochgespielt oder das Pferd gar durch Prügeln und Reißen gezwungen wird, dann aus Angst doch noch zu springen, immer und immer wieder, dann ist das Vertrauen

Anreiten eines Geländesprungs mit Verweigerung: Der Reiter ahnt beim Anreiten das Verweigern, er kommt aber mit seinen Hilfen nicht durch (Sitz!).

bereits gravierend angekratzt. Oft stehen bei solchen Zwischenfällen noch die Helfer an den Hindernissen, um mit Peitschen und Geschrei nachzuhelfen. Wen wundert's, daß dieses Pferd beim nächsten Parcours liebend gern ausbricht, sobald da einer vom Parcoursdienst an einem Hindernis zu sehen ist.

Ein Pferd, das nicht springen will, ist auch nicht durch Prügel über ein Hindernis zu bringen, es sei denn, es springt aus purer Angst vor der Strafe. Und das, bitteschön, wollen wir ja nun schon überhaupt nicht. Die richtige Korrekturmaßnahme sind viele lösende Übungen, das Traben über Stangen oder Cavaletti, auch mal ein kleiner Sprung aus dem Trab; wir tun also so, als hätten wir ein junges Pferd vor uns, das wir zum Springen antrainieren wollen. Mal gehen wir eine Reihe niedriger Hindernisse ohne Zwischensprung, nur eben als etwas höheren Galoppsprung, ohne jede Spannung und ohne störendes Auf-die-Hand-Gehen; später wagen wir uns an einladende, nicht Angst erzeugende, breitere Hindernisse heran und unterbrechen dies immer wieder durch viel lösendes Reiten auf dem Viereck. Auch lassen wir das Pferd an der Longe springen, ohne Reiter. Auf keinen Fall veranstalten wir irgendwelche Zeitspringen oder Stechen, sondern ziehen das Stilspringen in gut geregeltem Tempo vor, ohne jedes Jagen.Übermäßiges Jagen kann die Pferde überhaupt aus dem Gleichgewicht bringen. Ruhe und gleichmäßiges Tempo, ohne große Anforderungen in den Abmessungen, sind dagegen Balsam. Das Stilspringen im korrekten leichten Sitz bei

Zweites Anreiten nach der Verweigerung: Deutliche Identität der einzelnen Phasen, wiederum Ansatz zum Verweigern, das Pferd springt aber doch, obwohl der Reiter der Bewegung des Pferdes voraus ist und nicht sitzt.

gleichmäßig guter, leichter Anlehnung sollte daher eher zum Aufbau des Vertrauens geritten werden als jedes andere Springen. Dabei liegt die Betonung auf Stil, denn er beinhaltet nicht nur den Stil von Pferd und Reiter über die Sprünge, sondern auch den Stil des gesamten Rittes, von Gruß zu Gruß. Da muß das Tempo stimmen – weder zu schnell noch zu langsam –, die Gleichmäßigkeit der Galoppade, der Weg in der Linienführung von Hindernis zu Hindernis. Dann kann es auch nicht passieren, daß ein Pferd ausbricht, weil der Reiter die Zügel weggeworfen hat, oder daß sein Pferd stehenbleibt, weil er zwischen den Hindernissen jagt und viel zu große Wendungen reitet, dabei nicht gerade an den nächsten Sprung herankommt und das Tempo reduzieren muß. Auch das Anreiten zu weit links verführt zum Ausbrechen, und das darauffolgende nochmalige Anreiten im Linksgalopp vervollständigt die Tragödie. Besser wäre, im Rechtsgalopp (mit Peitsche in der linken Hand!) anzureiten und das Hindernis an der rechten Seite anzusteuern! Ebenso falsch wäre es, bei erneutem Anreiten dies im Renntempo zu tun.

Falsch beschlagene Pferde können zum Verweigern neigen, wenn sie sich damit unbequem fühlen und besonders auf hartem Boden den Stoß bei der Landung fürchten. Im allgemeinen sollten frisch beschlagene Pferde ja ohnehin schonend geritten werden.

Des weiteren sind Pferde zum Verweigern prädestiniert, die *in den Boden geritten* wurden, weil sie nicht in der Lage sind, beim Absprung genügend Gewicht mit der Hinterhand aufzunehmen. Auch diese Pferde müssen zunächst einmal wieder von Grund auf korrigiert werden, nämlich mit dressurmäßiger Arbeit.

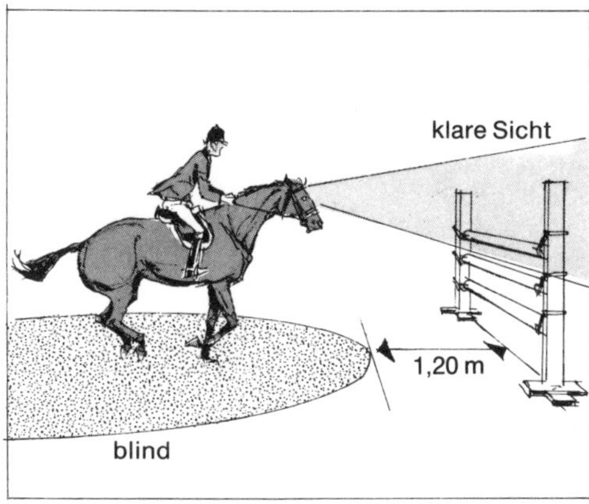

Das Blickfeld des Pferdes vor dem Sprung.

Verweigert dagegen ein Pferd bei einem Sprung gegen die Sonne, dann ist das verständlich. Man sollte dies auch nicht dramatisieren, denn bei behinderter Sicht kann dem willigsten Pferd der Schneid ausgehen.

Gymnastikspringen.

Etwas anderes ist es, sich einmal zu überlegen, weshalb Pferde mit hocherhobenem Kopf – besonders bei den letzten Sprüngen vor dem Hindernis – zum Verweigern neigen. Das Blickfeld ist für ein Pferd mit erhobenem Kopf vor dem Hindernis im toten Bereich: Das Pferd sieht den Boden erst im Abstand von 1,20 m vor dem Sprung. So kann es den Absprung also gar nicht richtig taxieren, gerät durch die hohe Kopfhaltung zu sehr auf die Hinterhand und rutscht mit weit untergeschobenen Hinterbeinen oft in das Hindernis hinein. Auch hier hilft die dressurmäßige Arbeit, das Pferd zum Dehnen zu bringen, den Rücken herzugeben und den Kopf tiefer zu tragen. Es sollten später keine Steilsprünge gesprungen werden, sondern hoch-weite Hindernisse, die das Langmachen des Pferdes fördern.

Nicht zuletzt gibt es psychologische Gründe, weshalb Pferde verweigern. Auch Pferde können einen schlechten Tag haben, sie können sich nicht so wohl fühlen oder müde sein. Dann sind da noch Pferde, die einen Parcours wunderbar gehen, wenn nur der erste Sprung klappt. Deshalb sind gute Parcoursbauer darauf bedacht, den ersten Sprung so einladend wie nur möglich zu gestalten. Aber auch die Nervosität der Reiter überträgt sich auf die Pferde, doch sie löst sich meist nach dem ersten gelungenen Sprung. Oft bleiben Pferde stehen oder brechen aus, weil die Reiter ein besonderes Hindernis fürchten; unter einem anderen Reiter würden sie es wahrscheinlich springen.

Übrigens sollte noch darauf hingewiesen werden, daß Pferde sehr wohl bis drei zu zählen vermögen und noch bedeutend weiter. Dies zu bedenken ist sehr wichtig, weil

Beim Springen an der Longe müssen die Ständer kurz sein, damit die Longe nicht hängenbleibt.

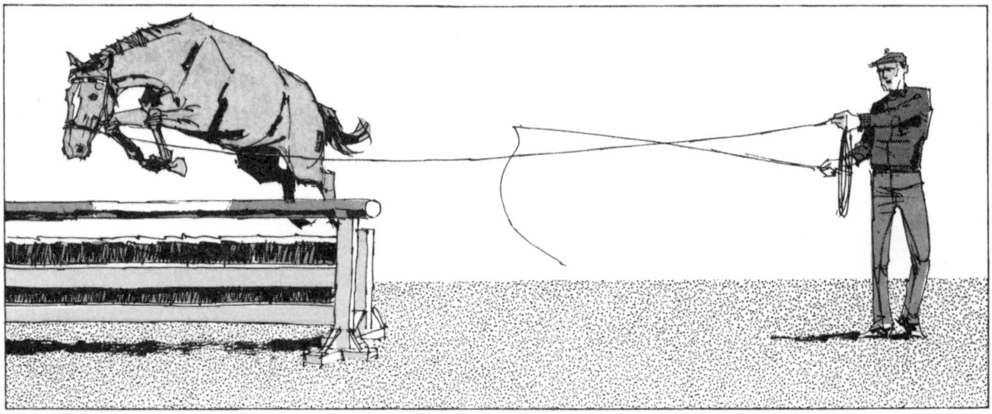

es schon eine Reihe von Pferden gegeben hat, die dreimal verweigert haben, um endlich aus dem Parcours herauszukommen. Allein schon deshalb hat die Regel ihre Berechtigung, daß nach jedem dritten Verweigern – und dem damit erfolgten Ausschluß von dieser Prüfung – der Reiter noch einen Sprung seiner Wahl zum Springen frei hat. Wie oft erlebt man dann bei so manchem Reiter folgende Szenen: Im Parcours durfte ja nicht geschlagen werden, denn da drohte der Ausschluß und womöglich noch die Bestrafung samt Anzeige; also wird auf dem Abreiteplatz geprügelt. Es hat sogar Fälle gegeben, wo die Prügel im Stall erfolgten. Was sind das nur für Reiter! Wenn schon gestraft werden muß (wobei öfter die Frage zu stellen wäre: Wer müßte bestraft werden?), dann hat dies sofort und augenblicklich zu geschehen. Kein Richter wird etwas gegen einen Stockhieb haben, wenn er berechtigt und unter Kontrolle verabreicht wird. Aber schon wenige Augenblicke später ist die gleiche Strafe für ein Pferd absolut unverständlich, weil es bereits wieder vergessen hat, wofür die Strafe gedacht war. Oder: Es gibt Reiter, die kommen aus dem Parcours – nach dreimaliger Verweigerung – und gehen auf den Abreiteplatz. Und da beginnt die Jagerei nun erst recht – das ist die richtige Methode, ein Pferd endgültig sauer zu reiten –, statt erst einmal Ruhe einkehren zu lassen und zu überdenken, wie der Ablauf der Geschehnisse eigentlich war, um die entsprechende Korrektur dann zu Hause vornehmen zu können.

Nichts ist dagegen zu sagen, wenn das Pferd an einem ihm völlig unbekannten Hindernis stehenblieb oder ausbrach. Vielleicht hat es so etwas noch nie gesehen. Im Einvernehmen mit dem Veranstalter kann der Reiter nach Beendigung der Prüfung noch einmal versuchen, sein Pferd damit vertraut zu machen, weil er ein solches Hindernis zu Hause nicht hat und auch nicht aufstellen kann. In jedem Fall ist es gerade nach einer Reihe von Verweigerungen ratsam, bei den Korrekturmaßnahmen besonders sorgfältig vorzugehen und nichts zu überstürzen, um die Vertrauensbasis um keinen Preis anzuknabbern. Es ist besser, die Anforderungen zu reduzieren und das Vertrauen wieder herzustellen. Das gelingt sicher mit Longieren, Freispringen, Dressurarbeit und behutsamem Aufbau der Springarbeit.

Steigen

Eine weitere Variante des Verweigerns ist das Steigen. Es ist schlichtweg die Verweigerung des Gehorsams. Ein steigendes Pferd weigert sich, vorwärtszugehen, und geht dabei hinter den Zügeln. Ein Pferd kann im Vorwärtsgehen nicht steigen. Das Steigen beginnt mit einem Verhalten im Vorwärtsgehen, es tritt eher rückwärts und

Richtiges Verhalten des Reiters auf einem Steiger.

Falsch: Reiter hängt in den Zügeln.

erhebt sich. Pferde haben schnell heraus, daß es den Reiter hilflos macht, wenn sie sich durch Steigen dem Willen des Reiters entziehen. Ein ängstlicher und wenig energischer Reiter wird mit einem solchen Pferd kaum fertig werden. Zweierlei Erkenntnisse sollten wir uns zunutze machen: 1. vorwärtsreiten um jeden Preis und so energisch wie möglich oder nötig, und 2. wenn das Pferd schon nicht an die Zügel will und sich hinter dem Zügel befindet, dann ist es an den Zügel zu bringen, und zwar an einen. Ein Pferd, das extrem gestellt ist – am besten nach der leichten Seite –, kann nicht steigen.

Wenn Sie den Moment verpaßt haben und das Pferd kommt doch zum Steigen, dann gehen Sie mit dem Oberkörper nach vorn – nie nach hinten, denn mit Ihrem Gewicht können Sie das Pferd zum Überschlagen bringen. Also vor mit dem Oberkörper, denn Ihr Gewicht belastet dabei die Vorhand. Es ist keineswegs eine Schande, sich dabei in der Mähne festzuhalten oder den Hals mit den Armen zu umfassen. Auf keinen Fall dürfen Sie in den Zügeln hängen. Wenn die Lage brenzlig wird, gehen Sie aus den Bügeln heraus, damit Sie um keinen Preis darin hängenbleiben können, falls Sie sich fallen lassen müssen. Gelingt es Ihnen, mit einer Hand und einem Zügel den Kopf des Pferdes herumzuziehen, haben Sie schon etwas gewonnen. Ziehen Sie aber nicht mit einer Hand rückwärts, sondern seitwärts, so weit Sie können, und nehmen Sie dabei den Zügel so kurz wie möglich, denn je kürzer der Zügel, um so mehr Einfluß haben Sie auf die »Balancierstange« des Pferdes: den Hals. Mit gebogenem Hals muß ein steigendes Pferd mit der Vorhand wieder auf den Boden. Sie erleichtern sich die Arbeit, wenn Sie, wie schon gesagt, zum Biegen die weiche Seite nehmen, denn so wird es den geringeren Widerstand bieten. Ist die Vorhand auf den Boden gekommen, dann sollten Sie energisch vorwärtsreiten, damit gar nicht erst wieder der Versuch zum Steigen unternommen werden kann. Sollte aber das Vorwärtsreiten nicht möglich sein, weil das Pferd wieder und wieder steigt oder zu steigen versucht, dann müssen Sie den Augenblick abpassen, in dem die Vorhand den Boden erreicht, und Sie müssen die extrem starke Halsbiegung beibehalten, die Sie erreichen können – und wenn Sie dabei die Zügelfaust hinter den Oberschenkel fixieren müßten –, dann drehen Sie energisch mehrere Male die Mühle. Das Pferd muß dies als Strafe empfinden. Es soll dabei ermüdet werden und lernen, daß sein Ungehorsam keinen Erfolg hat. Sie müssen je-

So kann das Pferd nicht steigen.

doch konsequent sein, und Sie müssen jeden, auch den geringsten, Ansatz zu diesem Ungehorsam sofort unterdrücken und bestrafen. Das Pferd kann die Strafe nicht begreifen, wenn sie erst nach einer Weile erfolgt oder dann, wenn schon wieder Ruhe eingetreten ist. Sie muß dem Ungehorsam unmittelbar und sofort auf dem Fuß folgen, sonst ist sie nicht nur verfehlt und sinnlos, sondern richtet auch noch Schaden an. Genauso sinnlos ist es, ein Pferd zu strafen, das sich beim Steigen überschlagen und wieder aufgerappelt hat. Wofür wird es – seiner Meinung nach – gestraft? Dafür, daß es wieder aufgestanden ist? Das andere – das Steigen, das Überschlagen – war ja vor dem Aufstehen. Wofür also die Strafe? Das einzige, was Geltung hätte, wäre ein Pferd dann zu verprügeln, wenn es auf dem Boden liegt. Das ist gar nicht so einfach, denn einer müßte den Kopf des Pferdes auf dem Boden festhalten, der andere könnte dann zulangen. Aber wahrscheinlich werden Sie froh sein, daß nichts passiert ist, denn auch ein Pferd überschlägt sich nicht gern. Viel besser ist es, sobald das Pferd auf den Beinen ist, sofort wieder aufzusitzen und Obacht zu geben, daß es nicht wieder soweit kommt.

Die *Korrektur* muß darauf eingestellt werden, dem Pferd die treibenden Hilfen wieder in Erinnerung zu bringen. Es darf für das Pferd – und das wird wie bei allen Korrekturen etwas Zeit brauchen – kein Zweifel daran bestehen, daß vorwärts auch vorwärts heißt und daß dies zum fundamentalen Grundbegriff des Gehorsams gehört. Die Möglichkeit, sich wehren zu können, muß dem Pferd aus dem Bewußtsein gestrichen werden. Nicht die Kraft des Schenkels – ob vorwärts, seitwärts oder rückwärts wirkend – ist es, die Gewalt über das Pferd hat, sondern es ist die zur Autosuggestion gewordene Bereitschaft, die das Pferd veranlaßt, dem Schenkel willig zu folgen. Dazu gehört das Lob, und dieses auch wiederum spontan und sofort. Jede Leistung wird augenblicklich gelobt; das hat zur Folge, daß die dem Lob (Streicheln, Leckerbissen) anhaftenden Lustgefühle Impulse zu weiterer Leistung auslösen. Wir wissen es doch: Pferde freuen sich über das Loben; sie sind absolut bereit, willig zu sein; sie machen einfach gern mit, wenn sie nicht verdorben wurden. Es ist eine altbekannte Tatsache, daß Pferde zur Kooperation mit dem Menschen bereit sind; nicht nur beim Reiten, auch in vielen Bereichen ihrer vom Menschen aufgetragenen Arbeit. Es ist aber ebenso eine Tatsache, daß diese Bereitschaft nicht immer gleich groß ist, und es kann absolut passieren, daß ein Pferd mal nicht will. Dann sollten Sie Verständnis aufbringen und – ehe Sie Ihr Gesicht verlieren – die Angelegenheit auf sich beruhen lassen, bevor es zum Kampf kommt. J. Fillis hat allerdings zu diesem Thema einmal gesagt: *»Früher oder später kommt es aber in jeder Dressur zum Kampfe, solange sich ein Pferd nicht widersetzt hat, ist seine Abrichtung nicht vollendet.«* Und Le Bon schrieb: *»Solange kein Kampf stattgefunden hat, kann sich das Pferd von der Überlegenheit seines Reiters nicht überzeugt haben.«* Das besagt einerseits nicht, daß es ein dauernder Kampf sein soll, andererseits heißt es aber auch, daß dieser Prüfungs-Kampf wohl eindeutig zugunsten des Reiters ausgetragen werden muß. Wohlgemerkt, kleinere Reibereien wird es immer geben, sie sind außerdem die Würze bei der Arbeit. Nur – die generelle Auseinandersetzung in Richtung Gehorsam oder nicht, die sollte prinzipiell und endgültig nur einmal ausgetragen werden. Es sei aber auch nicht verschwiegen, daß es zu Situationen kommen kann, die einerseits aufschlußreich sind, andererseits für den Reiter aufs äußerste blamabel sein können. Wie oft ist es zu erleben, daß ein Pferd schon gar nicht in den Parcours hinein will. Es kann sein, daß es nach dem Gruß durchaus willig springt, es kann aber auch folgendes passieren: seitliches Wegschieben, Rückwärtskriechen, Steigen etc. Was ist der Grund? Überforderung, sauer geworden, Angst vor Schmerzen, Angst vor Strafe – und das alles hervorgerufen durch übertriebenen Ehrgeiz des Reiters. Die Vertrauensbasis ist nicht mehr vorhanden. Das bedeutet, ganz von vorn anzufangen: Spazierenreiten, Basisarbeit, keine Anforderungen über lange Zeit.

Kleben

Auch das klebende Pferd entzieht sich den treibenden Hilfen; es ist ungehorsam. Ein Pferd, das nicht aus der Box heraus will, gehört ebenfalls in diese Kategorie. Genau wie das Pferd, das nicht in den Parcours hinein will und Angst vor den unangenehmen Dingen hat, die es im Parcours erwarten, hat jenes Pferd, das nicht aus der Box heraus will, einfach Angst – oder keine Lust auf das, was auf es zukommt. Hinzu kommt noch der Herdentrieb. Das Fortmüssen von den anderen ist dem Pferd unangenehm, es sucht – auch bei Gefahr – den Schutz stets in der Herde. Bei Gefahr würde ein Pferd nie von der Herde weg-, sondern zur Herde hinlaufen. Wenn ein Pferd nicht aus der Box oder dem Stall herausgehen will, dann sollten Sie von vornherein den Versuch unterlassen, es etwa an den Zügeln oder am Stallhalfter herausziehen zu wollen. Je mehr Sie ziehen, um so mehr wird sich das Pferd dagegenstemmen – und es ist stärker als Sie! Außerdem ist Ihnen sicherlich bekannt, daß man ein Pferd nie von vorn anschauen soll, wenn es nicht vorwärtsgehen will, und genau das tun Sie wohl zwangsläufig, wenn Sie ziehen. Sie sollen es aber auch nicht hinausprügeln. Versuchen Sie erst einmal, es von den starren Beinen wegzubringen, indem Sie es einen halben Schritt nach rechts oder links seitwärtsdrücken, mit einer Hand am Halfter, der anderen an der Schulter oder am Hals. Ist erst einmal die starre Haltung verschwunden, wird es wohl auch eher nach vorn treten. Wenn Sie eine Gerte in die Hand nehmen, dann halten Sie sie nicht dem Pferd vor die Nase, sondern nehmen Sie sie mit der linken Hand hinter den Rükken und tupfen Sie an das linke Hinterbein. Mit Loben, viel Reden und einem Schmankerl sollte es wohl möglich sein, das Pferd zum Hinausgehen zu animieren. Hilft das alles nichts, na, dann nehmen Sie halt das Pferd an die linke Hand und geben eine stärkere Dosierung Gertenhilfe mit der Gerte in Ihrer rechten Hand. Hinterher, wenn alles glatt gelaufen ist, muß es unbedingt gelobt werden und sein Stückchen Zucker oder eine gelbe Rübe bekommen. Am besten, Sie gehen beide nochmals in die Box und machen dasselbe ein paarmal hintereinander, was beim Pferd zur Folge haben wird: Gehe ich schön artig aus der Box heraus, dann krieg' ich etwas – also gehe ich! In ganz hartnäckigen Fällen hilft ein Seil oder eine Longierleine um die Kruppe, wie beim Verladen von Pferden, die nicht in den Hänger wollen. Dann sollten Sie aber zu dritt sein: zwei an der Leine und einer, der führt, und zwar der, den das Pferd am besten kennt. Aber – wie weit muß ein Pferd verdorben sein, daß das alles nötig ist; wie wenig Vertrauen ist dann noch übriggeblieben!

Pferde, die nicht von der Abteilung wegzureiten sind, sollten an wechselnden Plätzen

So bringt man kein Pferd aus der Box.

in der Abteilung geritten werden, auch einmal gegen die Abteilung, an der Abteilung vorbei etc. Das Herausreiten aus der aufmarschierten Abteilung gehört ebenfalls dazu; wie oft haben nicht nur Anfänger Schwierigkeiten damit! Dies geschieht mit viel Lob und ohne jede Strafe. Auch im Gelände sollte häufig der Platz gewechselt werden; mal gehen wir am Ende, mal an der Spitze, auch mal entfernt von der Abteilung. Sie sollten variieren, mal zurückbleiben, mal weiter vor der Abteilung reiten, um das Pferd daran zu gewöhnen, nicht immer mitten im Pulk sein zu müssen. Ihre Reiterkameraden sollten Verständnis dafür haben, daß derartige Übungen notwendig sind, denn vielleicht ist auch einmal ein zweiter Reiter zur Begleitung nötig, um Ihrem Pferd die Sache etwas leichter zu machen. Daß es Pferde gibt, die weniger gern von einem Pulk weggehen als andere, liegt in der Natur des einzelnen Lebewesens. Daß also dabei etwas Unruhe, z. B. Zackeln oder Wiehern, entstehen kann, ist verständlich; aber durchgeführt wird das Vorhaben trotzdem, seien Sie da standhaft! Früher wurden die Remonten u. a. im Gelände so geschult, daß jeweils zwei Reiter nacheinander in Sichtweite sich von der Abteilung entfernten. Der Abstand mußte beibehalten werden, und die Reiter – natürlich außer Spitze und Schluß – hatten stets, je nach Gelände, Sichtkontakt nach vorn und hinten. So gewöhnten sich die Pferde daran, vom Pulk entfernt zu sein. Auf den großen weiten Exerzierplätzen war es ebenso leicht möglich, dies in größeren Abständen nebeneinander zu üben. Bei diesen Problemen ist es nötig – wie stets, wenn es darauf ankommt, seinen Willen durchzusetzen –, konsequent und energisch zu sein, die Anfänge eines Ungehorsams vorauszuahnen, voll mit Gewicht und Kreuz im Sattel zu sitzen und die Schenkel energisch dort einzusetzen, wo sie hingehören. Und immer wieder ist dabei das Loben in Erinnerung zu bringen.

Abstreifen des Reiters

Eine unangenehme Variante der Widersetzlichkeit, eine ausgesprochene Bösartigkeit, ist der Versuch des Pferdes, seinen Reiter abzustreifen. Das kommt gar nicht so selten vor. Verständlicherweise geschieht das eher einem schwachen Reiter, denn bei einem guten Reiter dürfte es eigentlich gar nicht soweit kommen. Der Grund, weshalb das Pferd versucht, sich seines Reiters auf diese Art zu entledigen, wird wohl immer darin zu suchen sein, daß dem Pferd im Laufe der Zeit die Lust genommen wurde, das zu ertragen, was ihm vom Reiter angetan und zugemutet wurde. Seine eigene körperliche Konstitution und die Schwäche des Reiters haben das Pferd bald zur Erkenntnis gebracht, daß dies eine Art sein könnte, den Kerl da oben loszuwerden. Die ohnehin mangelhafte Bereitschaft zur Mitarbeit – auch das gibt es – wurde nicht rechtzeitig erkannt, sie wurde im Gegenteil im Laufe der Zeit durch unsachgemäße Behandlung auf Null reduziert. Das Pferd sieht sich überfordert, auch mangels Verständnis für das, was von ihm gefordert wird, und der Widerstand wächst.

Wie aus der Abbildung ersichtlich, ist das Pferd, das seinen Reiter abzustreifen versucht, *ungehorsam gegen den Schenkel;*

Das Kleben an der Wand – eine ausgesprochene Bösartigkeit. Falsche Hilfen links, richtige Hilfen rechts.

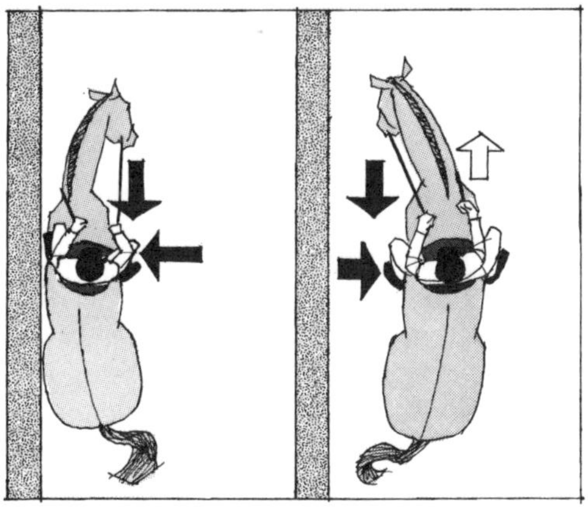

in diesem Fall gegen den rechten, der nicht durchkommt. Es wäre falsch vom Reiter, mit dem linken Zügel das Pferd von der Wand wegziehen zu wollen, denn er brächte so den Rumpf der rechten Seite und damit den rechten Schenkel noch mehr in Bedrängnis. Dagegen soll der Reiter versuchen, sein Pferd in Konterstellung zu bringen, also Kopf zur Wand. In unserem Fall: rechte Stellung und rechter Schenkel = rechte Biegung. Das zur Wand konvex gebogene Pferd muß zur Wand hohl gebogen werden, um den bedrängten Schenkel von der Wand wegzubringen. Die weitere Korrektur besteht darin, das Pferd wieder schenkelgehorsam zu machen. Ich erinnere an die Vorhandwendung im Gange, das Schenkelweichen, das Verkleinern und Vergrößern des Vierecks usw.

Das ist nur die technische Seite. Der Reiter sollte sich aber fragen, wieso es denn zu diesem Ungehorsam gekommen ist. War es lediglich reiterliche Schwäche, also alleiniger Fehler des Reiters, oder spielten da noch andere Dinge eine Rolle? Mit anderen Worten, die psychologische Seite sollte untersucht werden, denn Widerstand entsteht meist im Zusammenhang mit körperlichem Unbehagen oder Schmerz. Wenn ein Pferd bei der Arbeit Widerstand leistet, der durch Schmerzen im Genick, im Rücken, in den Rippen oder den Gelenken entstanden sein könnte, dann ist es natürlich völlig falsch, diesen Widerstand brechen zu wollen, um ein Exempel zu statuieren und zu beweisen, wer da das Sagen hat. Das Pferd will ja eigentlich tun, was der Reiter von ihm verlangt; aber es tut ihm weh, oder es ist es noch nicht gewohnt, weil es darauf falsch oder nicht ausreichend vorbereitet wurde. So werden Widersetzlichkeiten regelrecht herausgefordert. Da sieht man einen Reiter, der aus irgendeinem Grund, den er gerade für richtig hält, rücksichtslos sein Pferd mit hohem Kopf immerfort rückwärts»richtet«. Das ist sehr schmerzhaft, denn es bekommt den Gelenken nicht, und dem Rükken tut es auch nicht gut – abgesehen von den Einwirkungen der groben Hand im Maul. Wie oft werden die rüdesten und abruptesten Paraden gezeigt. Man sollte jedesmal einen Strich auf einer Tafel anbringen, denn irgendwann ist das Konto voll, und der Tierarzt muß her. Wen kann es da wundern, daß ein Pferd eines Tages streikt und gar nicht mehr will, weil es weiß, was folgt: Strafe und Schmerz. Da werden Lektionen verlangt, für die dem Pferd die Voraussetzungen fehlen, nicht minder oft aber auch dem Reiter. Wie oft ist zu sehen, daß Pferde falsch im Galopp anspringen; immer wieder werden sie in den Galopp gebracht, und jedesmal ist es der falsche. Der Grund dafür liegt nicht beim Pferd, sondern beim Reiter. Mit der richtigen Stellung und Biegung, den richtigen Hilfen, wird das Pferd auch richtig anspringen.

Der Reiter muß spüren und merken, wo der Grund für diesen Ungehorsam liegt und nicht dem Pferd die Schuld dafür aufladen. Und wenn er den Grund erkannt hat, dann muß er ihn auch beseitigen können; die fehlerhafte Stellung und Biegung muß beseitigt und das Genick entsprechend bearbeitet werden. (Diese Bemerkungen gelten gleichermaßen für das ganze Thema der mitunter falsch verstandenen Seitengänge.) Normalerweise sollte man sich bei ständigem falschen Angaloppieren den Sitz und damit die Einwirkungen des Reiters anschauen, denn vermutlich wird das Pferd bei korrekten Hilfen auch korrekt angaloppieren. Galoppiert es aber trotz korrekter Einwirkungen immer wieder falsch an – wahrscheinlich gern auf der linken Hand –, dann ist zu untersuchen, ob das sowohl aus dem Schritt als aus dem Trab geschieht. Bei jungen Pferden gibt es ein probates Mittel: Der Reiter trabt leicht, aber auf dem »falschen« Fuß, also auf dem äußeren Hinterfuß, und gibt dem Pferd eine leichte Außenstellung, am besten vor der ersten Ecke der kurzen Seite. Ein Klaps mit der Gerte zu den Hilfen zum Angaloppieren wird das

Pferd mit Erfolg auch zum Angaloppieren bringen. Pferde, die in der Ausbildung weiter fortgeschritten sind, reitet man im Schritt oder Trab auf einer größeren Volte, die man schulterhereinartig vergrößert. Die Hilfen zum Angaloppieren werden in beiden Fällen dann angewandt, wenn der äußere Hinterfuß auf den Boden gestellt wird. Das Pferd soll dabei gut am äußeren Zügel stehen, damit die innere Hand den ersten Sprung auch herauslassen kann.

Bocken

Als groben Ungehorsam oder als grobe Widersetzlichkeit wäre noch das Bocken zu nennen. Wir wollen aber einen deutlichen Unterschied machen zwischen dem Bokken und dem *Buckeln*: Wenn auch das Buckeln dann und wann geduldet werden darf, so sollte es nicht zur Gewohnheit und schon gar nicht zum Anlaß werden, in Bocken auszuarten. Ein Pferd, das bockt, ist eben bockig; gemeint ist das, was auch für die menschliche Verhaltensweise zutrifft. Das buckelnde Pferd dagegen ist nicht bockig, sondern es buckelt aus Übermut und Lebensfreude, z. B. wenn es auf die Koppel gelassen wird und sich austoben kann. Für das Pferd ist nun einmal Bewegung ein notwendiges Lebenselement, das es braucht; ohne das auskommen zu müssen, gleicht eigentlich einer Vergewaltigung. Wir kennen die Bilder von Pferden, die sich auf der Koppel ausbuckeln – sie bocken nicht. Und wenn ein lebensfrohes Pferd beim Ausritt im ersten Galopp ein paar buckelnde Hopser macht, dann sollten wir sie ihm lassen, wir sollten sie aussitzen und das Pferd nicht dafür strafen. Ein guter Knieschluß, ohne klammernde Unterschenkel (womöglich noch ein bohrender Sporen), fängt die Sprünge federnd ab, der Oberkörper ist leicht vorgenommen, das Gesäß nicht zu weit aus dem Sattel. Die Hände halten wir in Höhe der Mähne, in die wir ruhig einmal hineingreifen dürfen, wenn es nötig sein sollte. Falls die Buckelei unerwünschte Ausmaße annehmen sollte, dann hilft ein Arrêt – mit einer Hand (nicht nach unten, sondern nach oben gegeben) – zusammen mit einem lauten »Pfui« oder »Paß auf«. Es muß ja auch nicht jedesmal sein, daß das Pferd zu buckeln anfängt, sobald es nur weichen Boden unter die Hufe bekommt und nun meint, jetzt geht's auf! Im übrigen steckt Buckeln auch an. Wenn ein Pferd anfängt, meinen oft die anderen, mitziehen zu müssen. Besonders junge Pferde nehmen das Beispiel anderer gern zum Anlaß, auch ein bißchen Dampf abzulassen. Sie sollten es unter Kontrolle halten können, dann ist alles o. k.

Bockendes Pferd; richtiger Sitz.

Buckelndes Pferd; richtiger Sitz.

Anders das ausgesprochene *Bocken aus Widersetzlichkeit*. Es geschieht meist nicht im Vorwärts, sondern oft seitwärts und sogar auch rückwärts – in äußerster Steigerung bis zum Hinwerfen, gleich einem ungezogenen Kind. Das Problem ist also – wie beim Steigen –, das Pferd nach vorne zu reiten. Zumeist geschieht ja das Bocken nicht ansatzlos. Das bedeutet, daß man beim ersten Anzeichen das Pferd mit einem deftigen Gertenhieb und einem ebensolchen »Insterburger« zur Räson, zum Kopfhoch und zum Vorwärts bringen sollte. Die Gerte ist in diesem Fall oft das bessere Mittel als der Sporen. Der Reiter sollte fest im Sattel sitzen, bei angespanntem Kreuz und eher etwas zurückgenommenem Oberkörper. Ein vorgeneigter Oberkörper würde u. U. bei dem nicht fest im Sattel verbleibenden Gesäß den Reiter wahrscheinlich bei ein paar nacheinander erfolgten Bocksprüngen aus dem Sattel katapultieren. Sich im Sattelzwiesel oder dem Aufhängeriemen festzuhalten, ist keine Schande, sondern sogar gerechtfertigt. Die Zügel dürfen nicht losgelassen werden, denn der Reiter sollte bemüht sein, den Kopf des Pferdes nach oben zu bringen. Ein Pferd kann mit erhobenem Kopf nicht bocken.

Auch ist es wichtig, daß der Reiter sich nicht absetzen läßt, denn Pferde haben es bald heraus, daß das bei manchen Reitern gar nicht so schwierig ist – und das Theater hinterher ist ja (für das Pferd!) auch immer eine große Schau, bis es wieder eingefangen ist! Bei schwachen Reitern probieren sie es immer wieder. Es gibt da recht trickreiche Pferde, die nicht einfach so brav vor sich hinbocken, sondern sie verstehen es, durch seitliches Auskeilen, plötzliche Wendungen oder einer Landung auf allen vier Beinen den Sitz zu erschüttern. Und ist er erst einmal erschüttert, geht alles weitere verhältnismäßig schnell. Der Reiter soll also, wie gesagt, versuchen, mittels durchaus kräftiger Arrêts nach oben den Kopf des Pferdes hoch zu bekommen und dabei nach Möglichkeit auch zur Seite zu ziehen, damit dem Pferd seine »Balancierstange« genommen ist. Hat er das erreicht, muß er vorwärtsreiten. Beim Bocken ist es übrigens angebracht, bei zurückgenommenem Oberkörper sich in die Bügel zu stemmen (nicht stellen), wobei die Unterschenkel durchaus ein wenig gestreckt nach vorn genommen werden können.

Wir sollten aber auch untersuchen, wieso es zum Bocken gekommen ist. War es z. B. reine Widersetzlichkeit aus Dickfelligkeit oder wurde wieder einmal zuviel gefordert? Trifft letzteres zu, ist der Fall ja klar: Reduzierung der Anforderungen. Hat das Pferd aber gelernt, unter einem schwächeren Reiter Unfug machen zu dürfen, dann liegt die Abhilfe bei einem stärkeren Reiter. Nur wäre dabei zu bedenken, daß es nicht sehr lange Zeit braucht, bis das Pferd unter dem schwächeren Reiter wieder in der gleichen Verfassung sein wird. Leider ist es aber nun oft so, daß der schwächere Reiter auch der Besitzer des Pferdes ist, und gerade dieses Problem bietet sich sehr oft bei schwierigen oder schwierig gewordenen Pferden.

Außer diesen reiterlich bedingten Gründen gibt es aber auch andere Ursachen, die zum Bocken eines Pferdes führen können. Da ist der leidige *Sattelzwang*. Ich sage Ihnen wohl nichts Neues, wenn ich daran erinnere, daß solche Pferde sorgfältig gesattelt werden müssen. Der Gurt darf nur lose angegurtet werden. Vor dem weiteren Nachgurten sollte das Pferd ein paar Runden vor dem Stall geführt werden, und wenn es möglich ist, läßt man sich beim Aufsitzen auch hinaufheben und sitzt besonders entlastend in den Sattel ein. Erst später wird nachgegurtet. Manche Stuten blähen sich regelrecht auf. Es hat keinen Sinn, mit Zwang etwas erreichen zu wollen, man verschlimmert die Sache nur. Mit den elastischen Gurten ist das auch so eine Sache. Wenn die Sattellage nicht gut ist (wenig ausgeprägter Widerrist, verhältnismäßig runde Brustkorbwölbung), wird der Sattel nie exakt aufliegen; da nützt ein solcher Gurt gar nichts. Besser ist es, wie eben beschrieben zu verfahren und die ersten paar hundert Meter entlastend zu sitzen sowie bei größtmöglicher Zügelfreiheit dem Pferd die Möglichkeit zu geben, sich mit der Belastung abzufinden. Ein Pferd, das unter Sattelzwang leidet, leidet in der Tat, und ein unbedachter Reiter kann es sehr schnell zum Bocken bringen und für lange Zeit verderben.

Aber auch *Kopper* können zum Bocken neigen, wenn ihnen die durch das Koppen angesammelte Luft Schwierigkeiten macht. Es gibt Kopper, die durch das Luftschlucken in der Futteraufnahme nicht behindert sind; sie tendieren auch weniger zur Empfindlichkeit bei der Belastung durch den Gurt. Es ist aber anzuraten, Kopper generell anfangs auf geraden Linien zu reiten und jedes Biegen und »Zusammenstellen« zu vermeiden.

Zu erwähnen sei noch die Gruppe der *sexuell anormal* veranlagten Pferde, die zur Boshaftigkeit und Hinterlistigkeit neigen können. Mit ihren manchmal übertriebenen Hengstmanieren können sie recht aggressiv sein und, wenn ihnen nicht mit Entschlossenheit entgegengetreten wird, ihre Kraft und Eigenwilligkeit entsprechend zum Ausdruck bringen. Diese *Klopp- oder Spitzhengste* (Kryptorchiden) sollten in jedem Fall durch eine Operation auf den Normalzustand eines Wallachs reduziert werden. Auch ihr feminines Gegenstück in Form von *nymphomanen Stuten* ist durch eine tiermedizinische Behandlung korrigierbar. Die normal verlaufende Rosse mit ihren allgemein bekannten Symptomen – wie erhöhte Reizbarkeit, nervöse Erregung, Kitzligkeit, aber auch das Gegenteil wie Apathie, Dickfelligkeit und Widersetzlichkeit – ist zu unterscheiden von krankhaften, in ständiger Erregbarkeit befindlichen, nymphomanen Stuten.

Auch Pferde mit *empfindlichem Rücken* können zum Bocken neigen. Mitunter genügt es, diese Pferde hinter dem Sattel in der Lendengegend mit der Hand zu berühren, um sie zu veranlassen, mit der Hinterhand in die Luft zu gehen. Ein flatternder Mantel, der den Rücken berührt, kann den gleichen Effekt hervorrufen. Ein bekanntes Spitzendressurpferd zum Beispiel war nur mit hochgesteckten Dressurfrackschößen zu reiten. Damit ist auch die Art der Abhilfe schon erklärt: Zwar ist diese Kitzligkeit nicht zu beseitigen, aber man muß Sorge dafür tragen, daß das Pferd an dieser empfindlichen Körperstelle eben nicht durch irgendein Kleidungsstück berührt wird. Das gleiche gilt für Pferde, die am Unterbauch kitzlig sind. Da kann es z. B. passieren, daß bei einem flotten Galopp die Erdbrocken, oder im Schnee die Schneebrocken, an die Bauchunterseite des Pferdes geschleudert werden. Auch das kann zu unerwünschten Eskapaden führen. Bestrafen kann man das Pferd dafür nicht. Man muß es wissen und sich entsprechend verhalten.

Es dürfte wohl, als Abschluß dieses Themas, eine Selbstverständlichkeit sein, daß sich der Reiter bei jedem Satteln davon überzeugt, daß die Sattelunterlage glatt und über dem Widerrist auf dem Pferderücken liegt, und daß es nichts gibt, was da drükken könnte – denn auch das könnte der Grund für ein Bocken sein.

Das steife Pferd

Ein paar wenige Sätze noch zu einer Gruppe von Pferden, über deren »Probleme« zu sprechen sich eigentlich erübrigen sollte. Wir wollen vom steifen Pferd sprechen. Zumeist ist die Steifheit wohl bedingt durch mangelnde Arbeit; aber ich denke da zunächst an das verbrauchte und alte Pferd, an das durch krankhafte Versteifungen behinderte Pferd. Erfreulicherweise gibt es doch hin und wieder einen Pferdebesitzer, der ein älteres Pferd sein eigen nennt, das ihm über Jahre treu gedient hat, und der, wohl wissend, wo die Grenzen seines treuen Lebensbegleiters sind, ihm keine größeren Leistungen mehr abverlangt. Diesen Reitern braucht man keinen Vortrag darüber zu halten, wo die Leistungsgrenzen liegen und wo die Qual beginnen kann. Aber mitunter gibt es doch ein Pferd, das durchaus noch nicht so alt an Lebensjahren, aber durch viele Jahre sportlicher Leistungen strapaziert ist; zwar leidet es nicht sichtbar an körperlichen Mängeln, aber es ist eindeutig reduziert und kann nicht mehr das zeigen, was es einstmals vermochte. Wie beim Menschen machen sich irgendwann einmal die Überforderungen in den Sehnen und Gelenken bemerkbar. Dann ist zwar die Bereitwilligkeit vorhanden, aber es beginnt da und dort zu schmerzen, plötzlich macht irgendein Gelenk nicht mehr mit, und der Widerstand ist da.

In solchen Fällen sollte wohl die Vernunft des Reiters das Sagen haben, der Tierarzt sollte zu Rate gezogen werden, und es sollte festgestellt werden, was das Pferd noch zu leisten vermag und was nicht. In welchem Lebensalter des Pferdes sich Mängel herausstellen, ist kaum zu sagen. Es gibt Pferde, die noch mit 16 Jahren und mehr Spitzenpferde in der Dressur sind. Springpferde werden in der Regel vor dieser Zeit schon nicht mehr in der Lage sein, große Parcours zu gehen. Freizeitpferde mit 20 Jahren und mehr sind allerdings nicht selten. Und wenn es heute Vierjährige gibt, die an den besonders beanspruchten Gelenken und Sehnen schon eindeutig nachweisbare Mängel zeigen, dann erübrigt sich ein Kommentar. Ein einfühlsamer Reiter muß in der Lage sein zu spüren, was einem Pferd weh tun könnte; dies sollte er beachten und zwar so, als gelte die Vorsorge seinem eigenen Körper. Das Pferd wird es ihm danken.

Die gleichen Überlegungen gelten dem steifen Pferd; sei es, daß es lange gestanden hat aus Mangel an Arbeit, sei es, daß es gestanden hat, weil es krank war, oder sei es, daß es in seiner Ausbildung noch nicht so weit gefördert war. Kein Leistungssportler würde einfach vom Tisch aufstehen – weder wollen noch können –, um sofort irgendeine sportliche Leistung zu vollbringen. Auch er muß zunächst die Muskeln und Gelenke lockern, warm machen und für die nötigen Funktionen vorbereiten – denken und fühlen Sie für Ihr Pferd mit.

Entspannung und Freude nach einer geglückten Vorstellung.

Schlußbemerkung

Die Aufzählung der Probleme um das Pferd erhebt bei weitem keinen Anspruch auf Vollständigkeit; dazu sind die Möglichkeiten zu Fehlerquellen zu groß. Es ist aber immer wieder erstaunlich, feststellen zu müssen, auf welche Tricks Pferde kommen, um dieses oder jenes einfach nicht tun zu müssen, indem sie die Unwissenheit oder das Unvermögen der Reiter ausnützen. Auch verweigern sie den Gehorsam, weil sie nicht wissen, was man von ihnen verlangt, oder weil sie das Geforderte nicht zu leisten vermögen. Analog des Zitates von Waldemar Seunig, daß in der Reiterei in gewissem Sinne alles richtig, aber auch alles falsch sein kann, ist es nicht möglich, einen Rezeptkasten aufzustellen, in den man hineinlangen kann, um diesen oder jenen Mangel in den Griff zu bekommen. Wichtig war vielmehr, sowohl die Gründe als die Möglichkeiten der Maßnahmen zur Diskussion zu stellen, und auch wenn sie unorthodox erscheinen mögen, so geschah dies immer in dem Bewußtsein, daß sie es sind, daß damit aber eine Richtung eingeschlagen werden kann, die – wenn auch vielleicht auf Umwegen – auf den richtigen Weg führen muß. Als einen ganz wesentlichen Gedanken bei allen unseren Einwirkungen auf das Pferd halte ich dabei den, sich dessen bewußt zu sein, was man tut, und sich immer zu vergegenwärtigen, daß wir Reiter mit unserer Arbeit dem Pferd Anstrengungen bereiten, die auch mit Leiden und Schmerzen für sie verbunden sein können und die sie in vielen Dingen beeinträchtigen. Übrigens: Im Paragraph 1 des deutschen Tierschutzgesetzes steht, daß niemand einem Tier »ohne vernünftigen Grund Schmerzen, Leiden oder Schäden« zufügen darf.

Selbst wenn wir uns anmaßen zu denken, daß unsere Herrschaft über das Pferd selbstverständlich ist, so glaube ich dennoch, daß wir uns aus moralischen Erwägungen stets die Frage nach der Berechtigung unserer Herrschaft über das Pferd stellen sollten.

Literaturverzeichnis

Kurt Albrecht: »Dogmen der Reitkunst«. Wien

Wilhelm Blendinger: »Psychologie und Verhaltensweise des Pferdes«. Heidenheim

Harry Boldt: »Das Dressur-Pferd«. Lage/Lippe

Albert Brandl: »Das Reitpferd«. Lage/Lippe

Ursula Bruns: »Richtiger Umgang mit Pferden«. Rüschlikon-Zürich

Udo Bürger: »Vollendete Reitkunst«. Berlin

James Fillis: »Grundsätze der Dressur und Reitkunst«. Stuttgart

Erich Glahn: »Reitkunst am Scheideweg«. Heidenheim

Hans von Heydebreck: »Die deutsche Dressurprüfung«. Aachen

Alfred Knopfhart: »Beurteilung und Auswahl von Reitpferden«. Berlin/Hamburg

Stefan von Máday: »Psychologie des Pferdes und der Dressur«. Berlin

A. Paalmann: »Springreiten«. Stuttgart

Gregor von Romaszkan: »Pferde zureiten«. Rüschlikon-Zürich

Erika Schiele: »Pferdekauf«. München/Bern/Wien

L. Seeger: »System der Reitkunst«. Hildesheim

H. Frhr. von Seherr-Thoss: »Dressurprüfungen bei Reitturnieren«. Hannover

E. F. Seidler: »Die Dressur diffiziler Pferde«. Hildesheim

Waldemar Seunig: »Von der Koppel bis zur Kapriole«. Zürich

Waldemar Seunig: »Am Pulsschlag der Reitkunst«. Heidenheim

Peter Spohr: »Die Logik in der Reitkunst«. Hildesheim

A. Stecken: Literatur-Verzeichnis Reiter-Revue

F. P. Stegmann von Pritzwald: »Die Beurteilungslehre des Pferdes«. Hannover

Gustav Steinbrecht: »Das Gymnasium des Pferdes«. Aachen

W. Dayton Summer: »Schwieriges Pferd was tun?«. Rüschlikon-Zürich

R. S. Summerhays: »Das schwierige Pferd«. Stuttgart